두근두근 대바늘 레슨

초보 니터를 위한 스탠다드 여성 니트

시모다 나오코 지음 | **김수정** 옮김 | **송영예** 감수

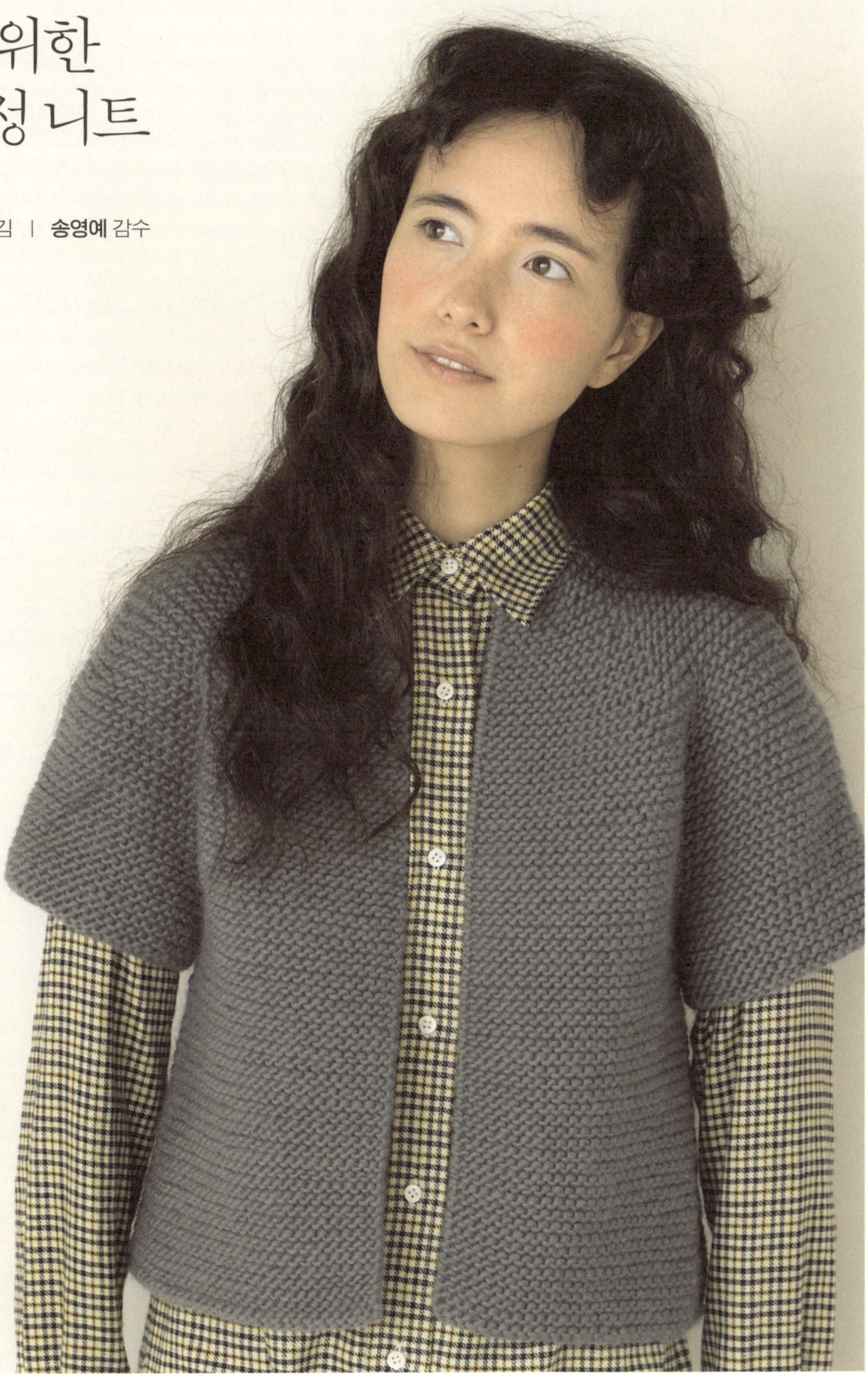

참돌

평소 에이브릴(AVRIL) 사의 가우디라는 실을 좋아해 이 실로 가방과 같은 소품을 잔뜩 뜨곤 했습니다. 그중에 떴던 볼레로 한 장을 수예 교실의 학생들에게 보여줬더니 순식간에 서른 명 정도가 떠보고 싶다고 해서 깜짝 놀랐어요. 그 김에 수요를 정확히 파악해보려고 제가 입을 A라인 카디건을 뜨기 시작했습니다.

지금까지 니트를 뜨고 싶다고 생각한 적이 없었어요. 그런데 이 일을 계기로 스스로도 놀랄 만한 기세로 친구에게 줄 것과 제가 입을 것을 여덟 장이나 떠서 완성했습니다. 여러 가지로 생각해보면, 스웨터란 열심히, 온 힘을 다해 뜨고 난 뒤에도 다시 꿰매어 이어주고, 그 후에도 많은 가장자리뜨기를 해야만 하는 고된 작업이지요. 그래서인지 니트를 뜨는 시간은 길게만 느껴지고, 때로는 너무 지루해 괴로운 기분까지 들기도 했습니다.

하지만 이 책에 나오는 니트들은 즐거운 마음으로 뜰 수 있습니다. 가터뜨기라는 기초 대바늘 뜨개법만 알면 초보자도 쉽고 간단하게 뜰 수 있기 때문입니다. 또한 모든 작품엔 진동이 없어 입었을 때 무척 편안한 착용감에 한 번 더 감격하게 된답니다. 초겨울에는 포근한 니트 카디건으로 멋스럽게, 한겨울에는 코트나 패딩 속의 센스 있는 이너웨어로 활용할 수 있습니다. 《초보 니터를 위한 스탠다드 여성 니트》로 대바늘뜨기에 도전해보세요. 그동안 엄두가 안 나 포기했던 시간들, 덩그러니 남겨진 뜨개 잔해들은 잊으세요. 시모다 나오코가 제안하는 즐거운 손뜨개의 세계로 초대합니다. 이제 처음으로 니트 뜨기를 시작하려는 여러분에게 도움이 되길 바랍니다.

CONTENTS

A Line

A 라인

대바늘 기본 뜨개법인 가터뜨기만으로 완성하는 니트 카디건.
아랫단부터 떠나가며 전체적으로 조금씩 코를 줄여줍니다.
그러면 아랫단이 넓어지는 실루엣이 되어
알파벳 'A'와 비슷해지기 때문에 A라인이라고 불립니다.
입었을 때의 핏이 무척 예쁘게 떨어져서 세련된 분위기를 연출할 수 있어요.

1

A Line

겉면과 안면 모두 같은 뜨개법을 반복해서 뜨는 가
터뜨기로, 뜨개바탕에 적당한 두께감이 생겨 '가우
디'라는 실과의 궁합이 무척 잘 맞아요.

실 _ 가우디
만드는 법 _ p.42
사이즈 _ L

2

A Line

가우디의 톤 다운된 핑크는 연령대에 상관없이
누구에게나 잘 어울리지요. 유행을 타지 않고,
언제나 귀엽고 여성스러운 느낌을 낼 수 있어
여러분께 꼭 권해드리고 싶은 색상입니다.

실 _ 가우디
만드는 법 _ p.33
사이즈 _ M

3

A Line

___

복슬복슬한 루프안은 입는 순간 기분을 좋게
만들지요. '우란'의 아이스그레이 색상은 어떤
색과도 참 잘 어울려 어디에나 매치하기 좋습
니다.

실 _ 우란
만드는 법 _ p.57
사이즈 _ S

Waist Shape

웨이스트 셰이프

허리선을 살린 니트 카디건.
전체적으로 몇 군데에서 코줄임을 하고,
허리선에서 가슴 쪽으로는 역으로 코늘림을 합니다.
뜨개 방법의 요령은 A라인과 같으므로 조금만 더 품을 들이면 돼요.

4

Waist Shape

검정은 무척 개성이 강한 색이지요. 그래서 전
체를 검정으로 마무리하기보다는 다른 색과 함
께 코디하는 편이 좋답니다.

실 _ 가우디
만드는 법 _ p.44
사이즈 _ M

5

Waist Shape

무심히 걸쳐주는 것만으로 패션 센스가 높아지는 루프
얀 '우란'의 로열블루. 아주 가볍고, 입기 편한 이 실루
엣에는 칠부 소매가 어울립니다.

실 _ 우란
만드는 법 _ p.53
사이즈 _ L

6

Waist Shape

시크한 쿠키색은 오래 입어 약간 낡아져도 그
고급스러움이 사라지지 않는 멋진 색입니다. 유
행에 좌우되지 않는 기본 색상과 이 실루엣은
궁합이 참 잘 맞아요.

실 _ 가우디
만드는 법 _ p.46
사이즈 _ S

Boléro

볼레로

약간 짧은 듯한 쇼트 슬리브 볼레로는 실루엣도 심플하고, 뜨는 분량도 적어서
3가지 패턴 중에서 가장 즐겁게 뜰 수 있습니다.
어떤 색과 레이어드하나에 따라 느낌이 달라지는 쇼트 슬리브 볼레로.
당신의 레이어드 감각을 마음껏 뽐내보세요.

만드는 법(액세서리)_ p.79

7

Boléro

시크하면서도 와일드함이 느껴지는 카키색은
오랫동안 사랑받아 온 색 중 하나입니다. 특히
젊은 분들에게 추천합니다.

실 _ 가우디
만드는 법 _ p.49
사이즈 _ S

8

Boléro

A라인보다 길이와 소매가 짧아 경쾌한 인상을
주는 볼레로. 원피스와 매치해서 입어도 매력
적입니다.

실 _ 가우디
만드는 법 _ p.48
사이즈 _ L

9
Boléro

루프얀 '우란'의 감촉과 볼레로는 정말 잘 어울
리는 사이. 만드는 내내 가슴이 두근거려요.

실 _ 우란
만드는 법 _ p.58
사이즈 _ M

 볼레로는 앞여밈도, 단추도 달지 않기 때문에 목둘레선에 포인트를 줍니다. 마음에 드는 브로치나 큰 단추 등으로 액센트를 주어 다양하게 즐겨보세요.

  인형/롯데 지바스한 사

10

11

제 아틀리에가 있는 키치조지에서 만난 이 인형들.
독일의 숙련된 장인들이 수공예로 만들고 있는 롯데 지바스한 사의 인형입니다.
전부 모아두고 싶을 만큼 정말 사랑스러워요.

실 _ 면코드(10), 캐시미어(11)
만드는 법 _ p.87

12

Tirolean

옷 앞길의 양쪽에 단춧구멍을 달아서 티롤리언 풍
카디건을 만들어보았어요. 금속 장신구는 단추를
체인으로 이어 만든 핸드메이드 물건입니다.

실 _ 마루코, 슈롭셔
만드는 법 _ p.64
사이즈 _ M(여성용)

 칠부 티셔츠/homspun
체크 바지/HEMISPHERES

13

Tirolean

밝은 회색 계열로 마무리한 남성용 M사이즈의 티
롤리언. 여성용처럼 주머니도 달아주고 세세한 부
분까지 신경을 썼답니다.

실 _ 마루코, 슈롭셔
만드는 법 _ p.66
사이즈 _ M(남성용)

14

Border

진동 없는 디자인이라, 무늬 맞추기에 신경을 써야
하는 보더무늬도 이젠 손쉽게 뜰 수 있어요. 가늘게
들어간 검정 라인이 전체를 들뜨지 않게 잡아줍니
다.

실 _ 가우디
만드는 법 _ p.68
사이즈 _ M(남성용)

15

Border

메인 색상을 캐러멜색으로 보더무늬를 좀 더 가
늘게 넣어 우아한 느낌으로 마무리했습니다. 작
은 후크를 달아주어 실용성과 멋스러움을 더했습
니다.

실 _ 가우디
만드는 법 _ p.69
사이즈 _ M(여성용)

16

Cable

___

줄곧 밧줄무늬뜨기로 뜬 멋진 니트를 찾고 있었는
데 실패했어요. 그래서 '좋아, 그렇다면 내가 한번
만들어보자' 하는 마음으로 만들었습니다. 모헤어
의 폭신폭신한 느낌이 참 좋아요.

실 _ 모헤어 탐
만드는 법 _ p.70
사이즈 _ M(여성용)

17

Cable

남성용 밧줄무늬 니트는 여성용보다 더욱 탄탄하
게 떠서 방한 효과까지 갖추었어요. 커플룩 같지 않
는 커플룩으로 촌스럽지 않고 딱 보기 좋습니다.

실 _ 가우디
만드는 법 _ p.72
사이즈 _ M(남성용)

커트앤드소／Santa monica

18

Key point line

남성용은 사랑스러움을 살짝 덜고 검정 라인을 1줄
넣어 포인트를 주었어요. 니트의 따스함에 샤프함
을 더했습니다.

실 _ 우란, 울 릴리얀, 가우디
만드는 법 _ p.74
사이즈 _ M(남성용)

19

Key point line

____

루프얀과 플랫얀을 두 가닥으로 떠 뜨개바탕을 만
들고, 그 위에 동글동글 앙증맞은 느낌의 구슬뜨기
로 라인을 넣어 포인트를 주었습니다.

실 _ 우란, 모헤어 탐, 가우디
만드는 법 _ p.75
사이즈 _ M(여성용)

Kids

이 책에서 소개한 니트는 나이, 성별을 넘어서
누구에게나 어울리기 때문에 어린이도 입을 수 있답니다.
목둘레를 조여서 방울을 다는 등 다양한 느낌으로 떠볼 수 있습니다.
나의 아이를 위한 니트 아이템으로 따뜻한 겨울을 보내세요.

20

실 _ 모헤어 탐, 가우디
만드는 법 _ p.76
사이즈 _ 90cm

21

실 _ 모헤어 탐, 캐시미어
만드는 법 _ p.77
사이즈 _ 110cm

Baby

22

실 _ 울 릴리얀
만드는 법 _ p.78
사이즈 _ 50cm

23

실 _ 모헤어 탐
만드는 법 _ p.78
사이즈 _ 60cm

Socks

심플한 가터뜨기로 다양한 크기의 양말을 떴어요.
아기부터 어른까지, 누구에게 선물해도 기뻐할 거예요.

실 _ 파스텔
만드는 법 _ p.61

Bag

25

바닥의 가터뜨기는 중심을 향해서 코줄임합니다.
4가지 색의 모티브도 같은 요령으로 뜬 후, 마지
막에 남은 코에 실을 통과시켜서 조여주는 순서로
연결했습니다.

실 _ 가우디, 러그
만드는 법 _ p.80

26

바닥에서부터 위를 향해 뜨면서 안뜨기
부분에서 코줄임을 했더니 아랫단이 퍼
진 귀여운 모양이 되었습니다. 마음에 드
는 가방 중 하나입니다.

실 _ 러그
만드는 법 _ p.84

27

동그란 구슬이 올톡볼톡 옹기종기 모여 있는 가방
입니다. 도중에 구슬뜨기를 줄여서 모양을 만들어
가세요. 실이 굵기 때문에 의외로 빨리 완성할 수 있
습니다.

실 _ 가우디
만드는 법 _ p.82

28

전체를 균일하게 코줄임했기 때문에 윗부분이 쏙 들어
간 독특한 공 모양으로 완성되었어요. 광택이 있는 아
이스그레이는 여성스러운 코디에 맞춰 들기 좋습니다.

실 _ 우란
만드는 법 _ p.83

이 책에서 사용한 실

주식회사 에이브릴
홈페이지_ http://www.avril-kyoto.com

송영예의 바늘 이야기
홈페이지_ http://www.banul.co.kr
문의전화_ 1544-1334

이 책에 게재된 작품은 모두 에이브릴(AVRIL) 사의 실을 사용했습니다.
한국 번역판에서는 시중에서 쉽게 구할 수 있는 대체 실을 함께 기재했습니다.

실물 크기

실의 이름 [① 품질 / ② 색상 수 / ③ 번호 / ④ 실의 타입 / ⑤ 사용 바늘 호수 / ⑥ 표준 게이지(메리야스뜨기) / 실의 특징]

1 가우디 GAUDY
① 울 100% ② 23색 ③ 1/1
④ 극태사 ⑤ 대바늘 7mm ⑥ 11코 · 16단

느슨하게 꼰 굵은 울로빙(wool roving)으로
초보자도 뜨기 쉬운 실입니다.
★대체 가능 실: 자라14, 빅

2 우란 URAN
① 모헤어 82%, 울 18% ② 15색 ③ 1/1.2
④ 극태사 ⑤ 대바늘 7mm ⑥ 9.5코 · 12단

광택이 있는 모헤어로 큰 고리를 만드는 실입니다.
★대체 가능 실: 펭귄 2겹

3 슈롭셔 SHROPSHIRE
① 울 100% ② 8색 ③ 1/3
④ 병태사 ⑤ 대바늘 8호(4.5mm) ⑥ 18코 · 26단

영국 양모인 슈롭셔를 느슨하게 꼬아 완성한
자연색의 로빙입니다.
★대체 가능 실: 펭귄

4 모헤어 탐 MOHAIR TAM
① 모헤어 70%, 울 10%, 나일론 20% ② 15색
③ 1/2.2 ④ 극태사 ⑤ 대바늘 7mm ⑥ 11코 · 15단

소프트한 감촉의 키드 모헤어를 기모로 만든 가볍고
광택이 있는 실입니다.
★대체 가능 실: 모헤어 2겹

5 러그 LUG
① 울100% ② 6색 ③ 1/0.5
④ 초극태사 ⑤ 대바늘 8mm ⑥ 8.5코 · 12 단

탄력 있는 영국 양모를 3가닥으로 부풀리게 꼰
초극태사입니다.
★대체 가능 실: 네브류스

6 마루코 MARUCO
① 울 32%, 모헤어 12%, 나일론 20%, 폴리우레탄 36%
② 4색 ③ 1/2.7 ④ 병태사 ⑤ 대바늘 15호(6.5mm)

모헤어 루프에 폴리우레탄 수지 가공한
신기한 감촉과 표정의 실입니다.
★대체 가능 실: 펭귄

7 울 릴리얀 WOOL LILYYARN
① 울 74%, 나일론 26% ② 10색 ③ 1/3.3
④ 병태사 ⑤ 대바늘 15호(6.5mm) ⑥ 13코 · 16단

나일론 튜브에 울솜을 넣은 폭신폭신한 실입니다.
★대체 가능 실: 네브류스

8 파스텔 PASTEL
① 면 100% ② 12색 ③ 1/8.5
④ 극세사 ⑤ 대바늘 3호(3mm) ⑥ 29코 · 35단

사계절 사용할 수 있는 기본 면실입니다.
★대체 가능 실: 코튼 3

9 캐시미어 CASHMERE
① 캐시미어 100% ② 35색 ③ 1/13 ④ 극세사
⑤ 대바늘 3호(3mm) ⑥ 섬유 수축 전→27코 · 36단
섬유 수축 후→27코 · 40단

에이브릴의 캐시미어는 다 뜬 뒤 축융했기에
폭식폭신해집니다.
★대체 가능 실: 캐시미어무스

* ③의 숫자는 실의 길이가 1g당 몇 미터인지를 표시한 실의 공통 번호입니다. 예: [1/1.2]는 1g당 1.2m의 길이가 있다는 뜻입니다.
* 판매 단위: 10g

✻ 가터뜨기로 니트를 만들어보세요

A라인의 M사이즈를 예로 들어서 자세히 알려드릴게요.
조금 다른 것은 안뜨기로 가터뜨기를 뜬다는 점입니다.
이 뜨개법을 쓰면 뜨개바탕의 가장자리가 무척 아름답게 나와요.

A Line
size_ M

p.4·6

✱재료_ 에이브릴 가우디 핑크(25) 730g
✱도구_ 줄바늘 13호(지름 6mm, 길이 60cm)
✱사이즈_ 가슴둘레 88cm, 길이 52cm
✱게이지_ 안뜨기로 뜨는 가터뜨기 14코·28단 (10×10cm)

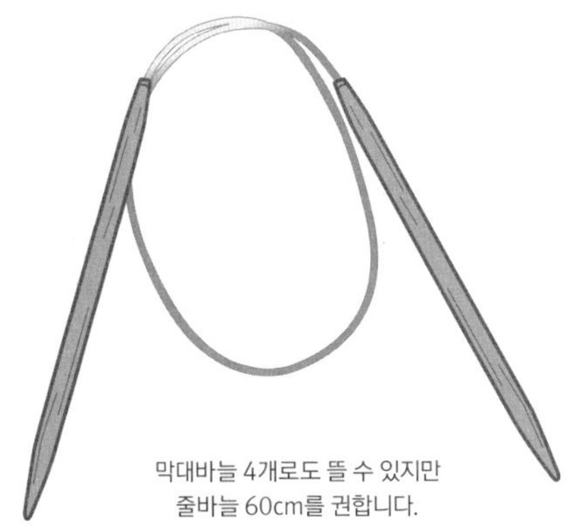

막대바늘 4개로도 뜰 수 있지만
줄바늘 60cm를 권합니다.

1   시범 뜨기를 합니다

이 책의 사이즈대로 뜨려면 게이지를 맞춰서 뜨는 것이 가장 중요합니다.
게이지란 뜨개코의 크기를 말합니다. 예를 들어 '10×10cm로 14코·28단'이라고 표시되어 있다면
10×10cm의 뜨개바탕에는 14코·28단이 필요하다는 뜻입니다.
실의 종류나 뜨는 사람의 손 크기에 따라 게이지는 달라지므로 잘 조절해주세요.

■ 손가락에 걸어 만드는 시작코

가터뜨기는 옆으로 늘어나기 쉬운 뜨개바탕이므로
탄탄하게 실을 조여주면서 시작코를 만듭니다.

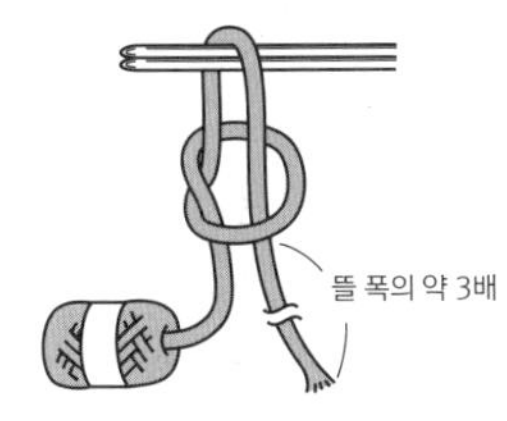

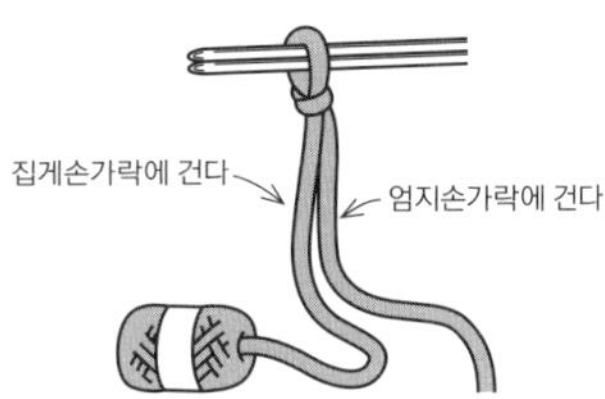

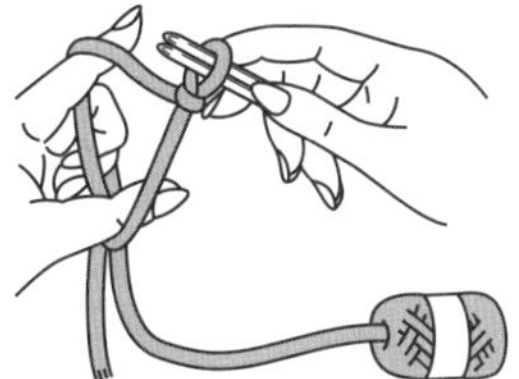

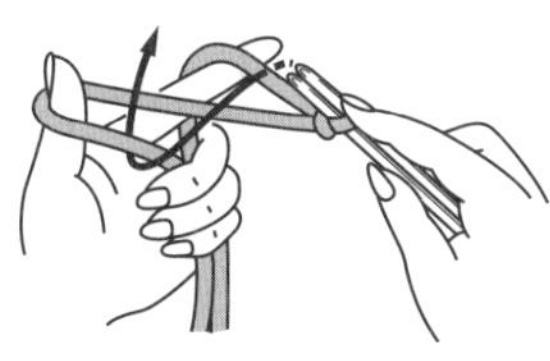

1 고리를 만들어서 대바늘을 넣고,
   짧은 실을 잡아당겨서 죄어줍니다.

2 1코째 완성.

3 짧은 실을 엄지손가락에, 실뭉치 쪽을
   집게손가락에 건 후, 남은 손가락으로
   밑부분을 눌러줍니다.

4 엄지손가락에 건 실을 건져줍니다.

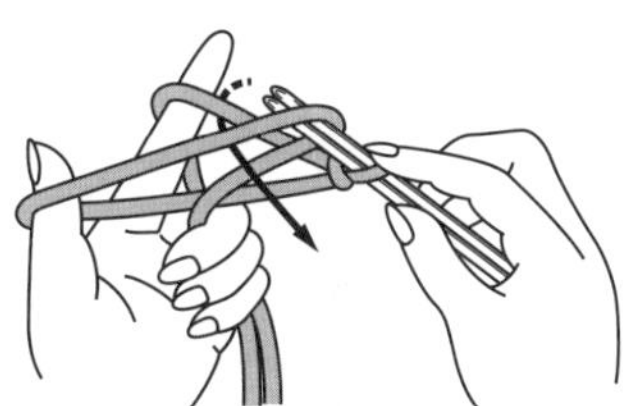
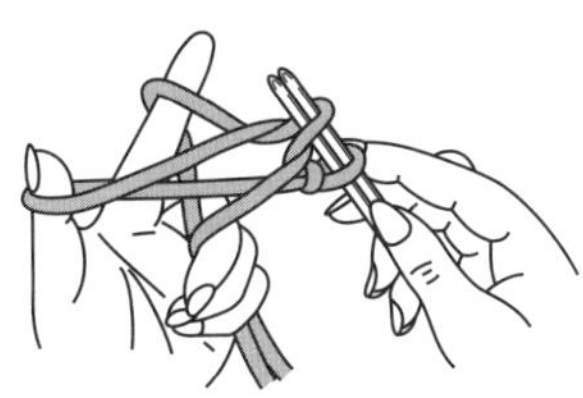
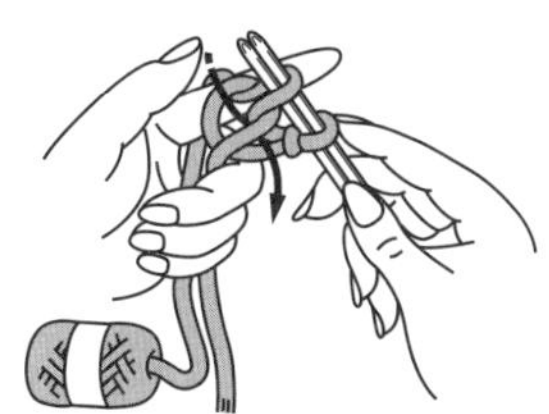
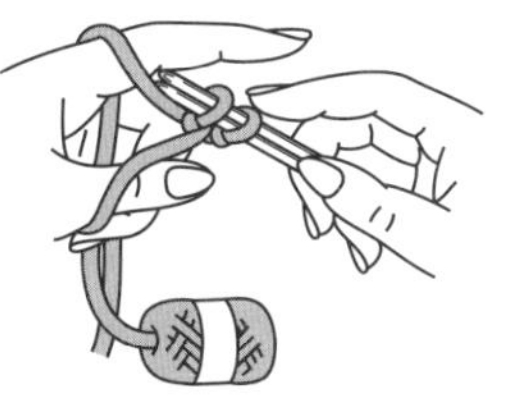

5 집게손가락의 실에 걸어주면서
   고리로 빠져나가게 합니다.

6 엄지손가락의 실을 일단 뺍니다.

7 화살표와 같이 엄지손가락을 넣어서
   코를 느슨하게 당긴 후 죄어줍니다.

8 2코 완성. 4~7을 반복해서 필요한
   콧수를 만듭니다.

9 시작코가 완성되었습니다.

■ 안뜨기로 뜨는 가터뜨기

가터뜨기는 보통 겉뜨기를 왔다 갔다 반복하며 뜨지만 이 책에서는 안뜨기로 뜹니다.

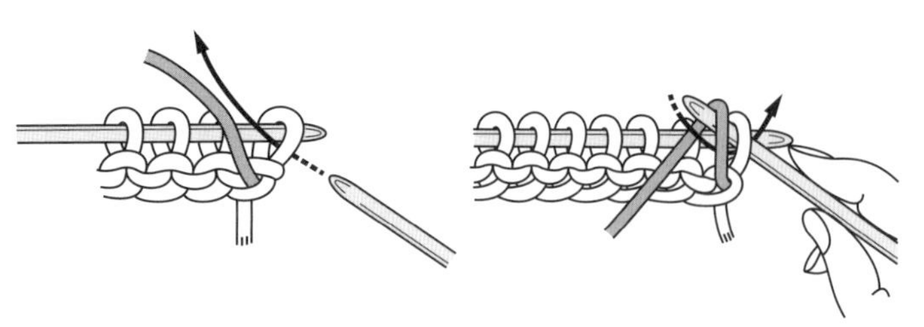 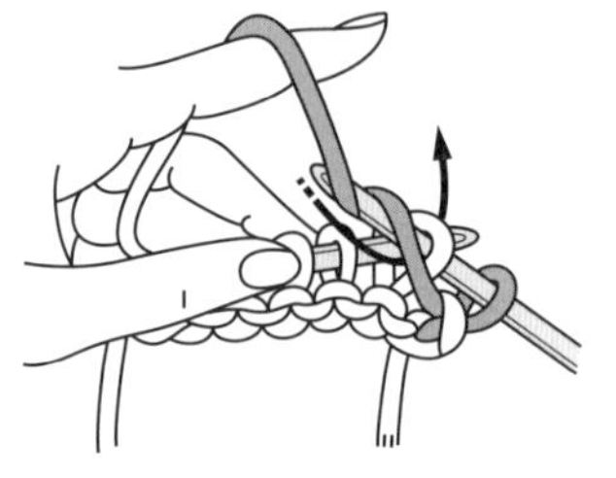 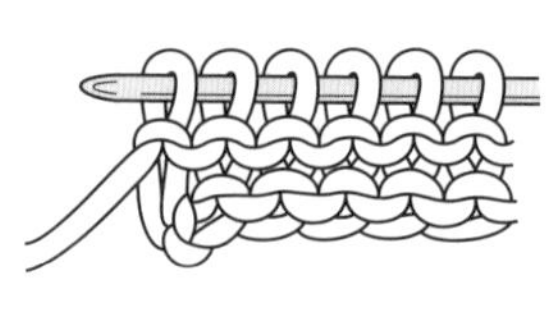

1 시작코가 만들어졌으면 뜨개바탕을 바꿔 잡고 바늘을 화살표와 같이 넣습니다.

2 실을 걸어서 화살표와 같이 반대쪽으로 잡아당깁니다.

3 안뜨기 1코가 떠졌습니다. 계속해서 가장자리까지 뜹니다.

4 1단을 떴습니다. 뜨개바탕을 바꿔 잡고 2단도 같은 방법으로 안뜨기합니다.

■ 안뜨기로 뜨는 가터뜨기 코막음

15~20cm 정도 떴으면 코를 막습니다.

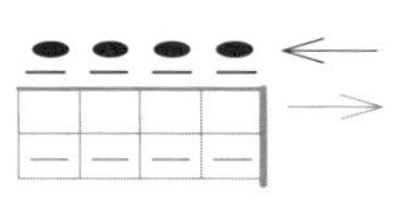 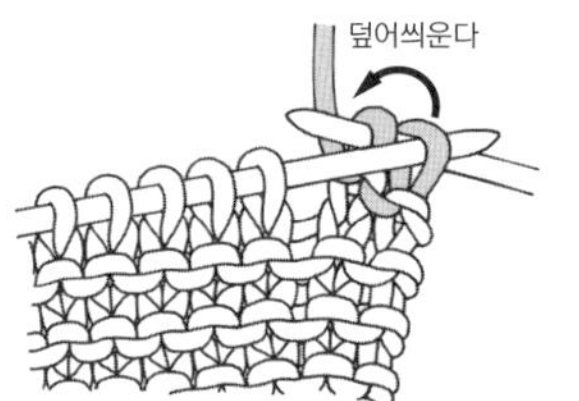 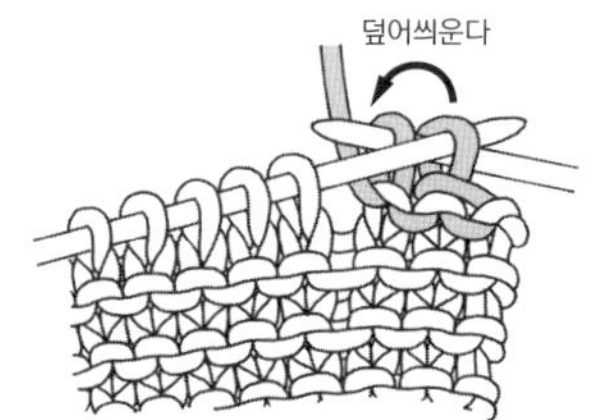 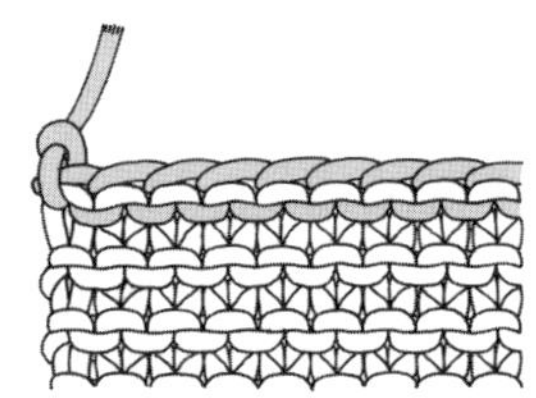

1 가장자리 2코를 뜬 후, 왼쪽 바늘 끝을 사용해서 앞코를 2번째 코에 덮어씌웁니다.

2 같은 방법으로 왼쪽 바늘 끝을 사용해서 앞코를 2번째 코에 덮어씌웁니다.

3 마지막은 실을 코 속으로 넣어서 단단히 조입니다.

■ 게이지를 계산합니다

가볍게 스팀 다리미질을 하여 뜬 코를 정리한 후, 뜨개바탕의 가운데에서 10cm가 몇 코, 몇 단이 되는지 셉니다.

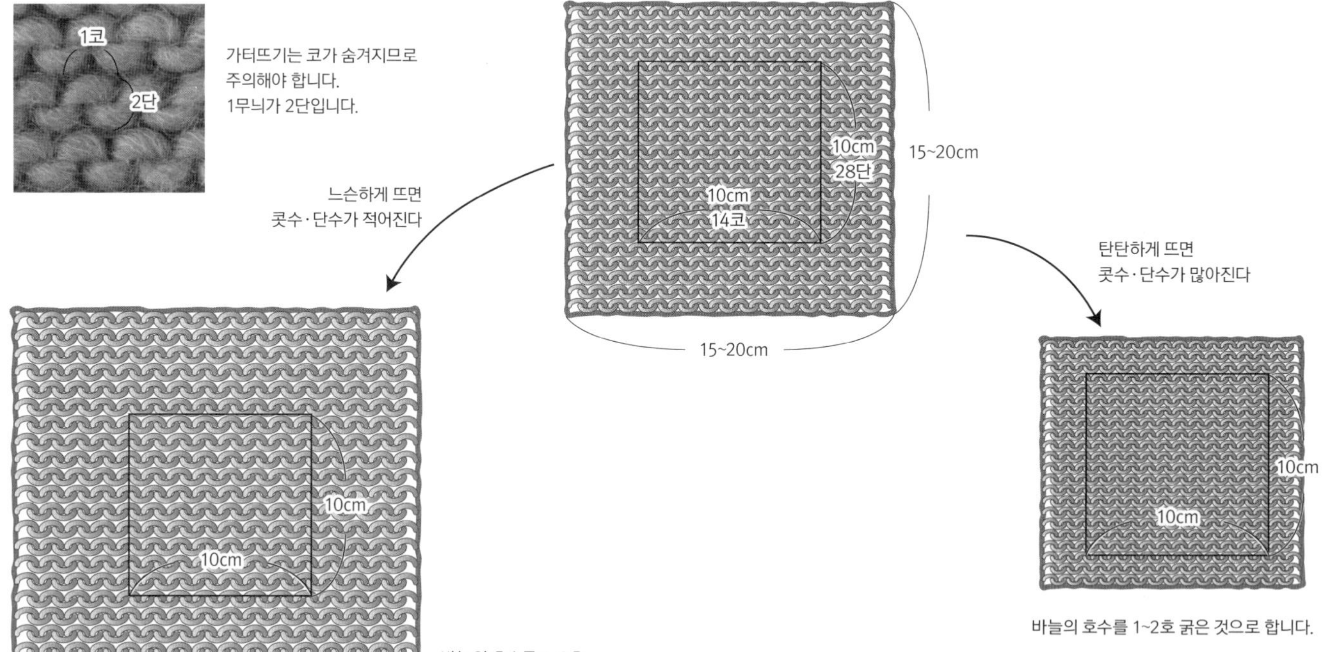

손가락에 걸어 만드는 시작코로 뜨기 시작하고,
지정된 단에서 코늘림을 합니다.

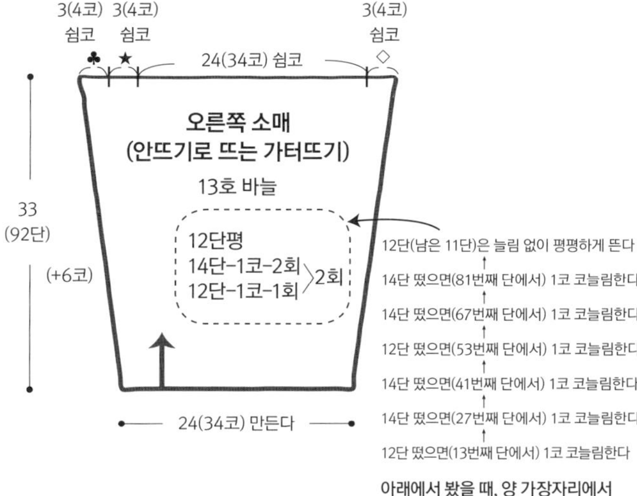

3(4코) 쉼코 ♣   3(4코) 쉼코 ★   24(34코) 쉼코   3(4코) 쉼코 ◇

오른쪽 소매
(안뜨기로 뜨는 가터뜨기)

13호 바늘

33 (92단)
(+6코)

12단평
14단-1코-2회 ⎤
12단-1코-1회 ⎦ 2회 }2회

24(34코) 만든다

12단(남은 11단)은 늘림 없이 평평하게 뜬다

14단 떴으면(81번째 단에서) 1코 코늘림한다

14단 떴으면(67번째 단에서) 1코 코늘림한다

12단 떴으면(53번째 단에서) 1코 코늘림한다

14단 떴으면(41번째 단에서) 1코 코늘림한다

14단 떴으면(27번째 단에서) 1코 코늘림한다

12단 떴으면(13번째 단에서) 1코 코늘림한다

**아래에서 봤을 때, 양 가장자리에서
각각 코늘림을 합니다.**

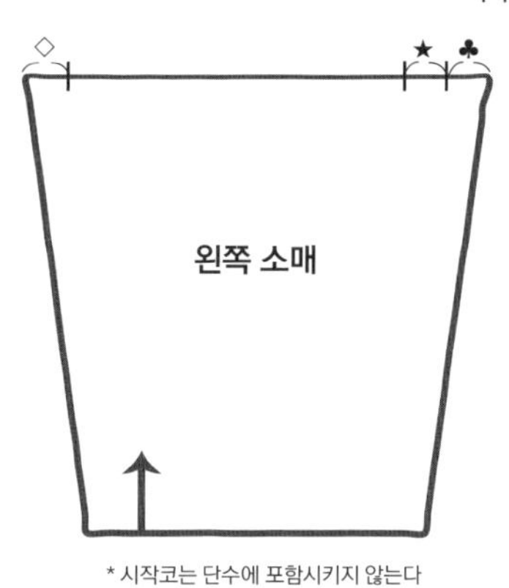

◇   ★ ♣

왼쪽 소매

* 시작코는 단수에 포함시키지 않는다

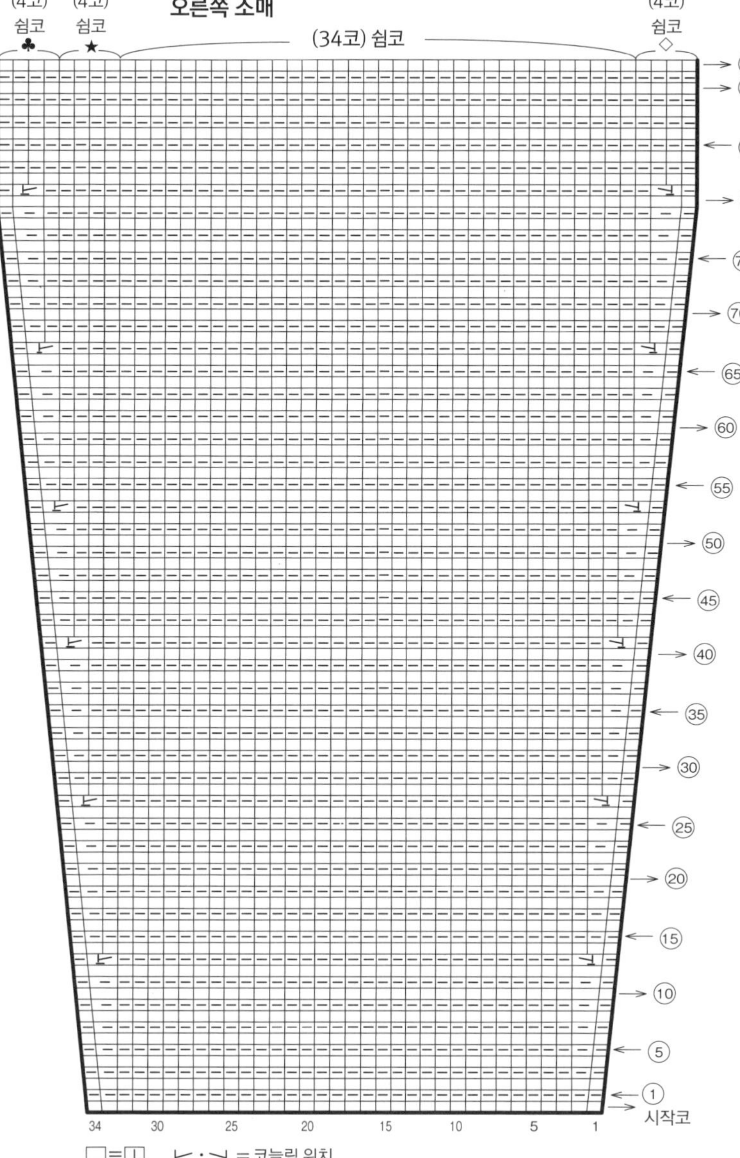

□=Ⅰ   ∠・∟ =코늘림 위치

왼코 늘림

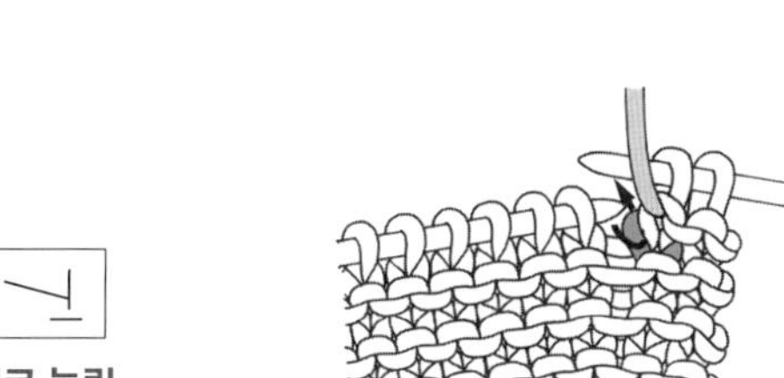

1 가장자리의 2코를 뜬 후, 뜬 코의 1단 아래 코에 화살표와 같이 왼쪽 바늘을 넣습니다.

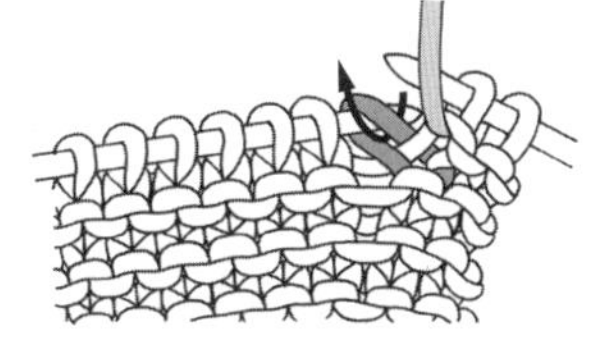

2 끌어 올린 코에 오른쪽 바늘을 넣습니다.

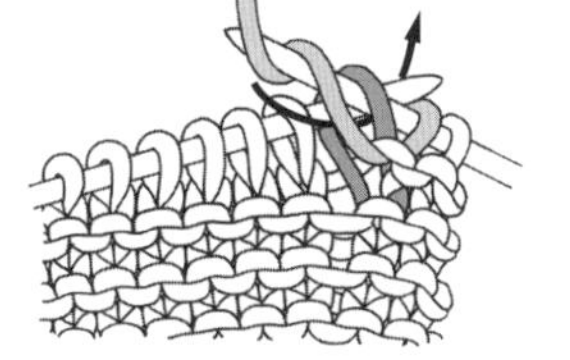

3 오른쪽 바늘에 실을 걸어서 잡아당겨 안뜨기로 뜁니다.

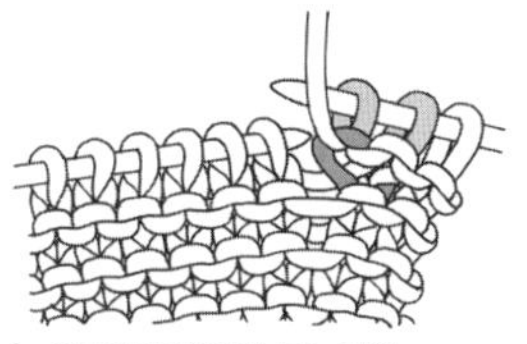

4 오른쪽에 안뜨기 코늘림이 생겼습니다.

오른코 늘림

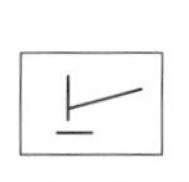

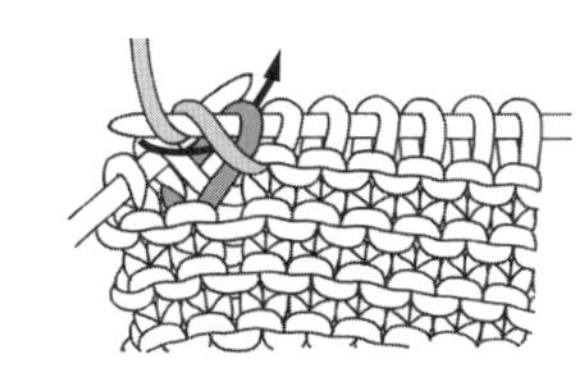

1 왼쪽 끝 2코를 남긴 부분까지 뜨고 실을 앞쪽에 둔 후, 다음 코의 앞단으로 반대쪽에서 바늘을 넣습니다.

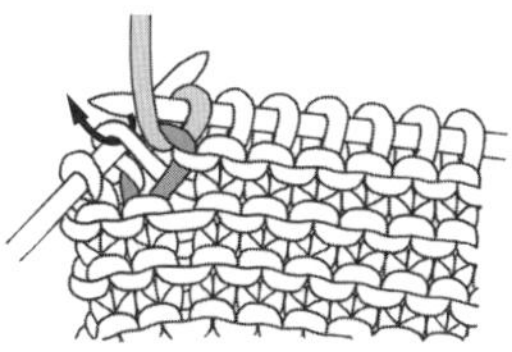

2 오른쪽 바늘에 실을 건 후, 화살표와 같이 실을 잡아당기고 안뜨기를 합니다.

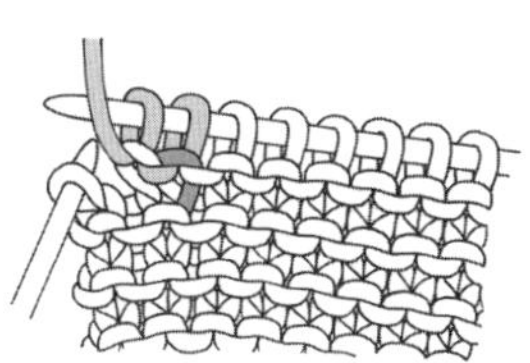

3 왼쪽 바늘에 걸려 있는 코도 안뜨기로 뜁니다.

4 왼쪽에 안뜨기 코늘림이 생겼습니다.

■ 쉼코

소매를 다 떴으면 지정된 콧수로 나눠서 실을 통과시켜 코를 쉬게 둡니다.

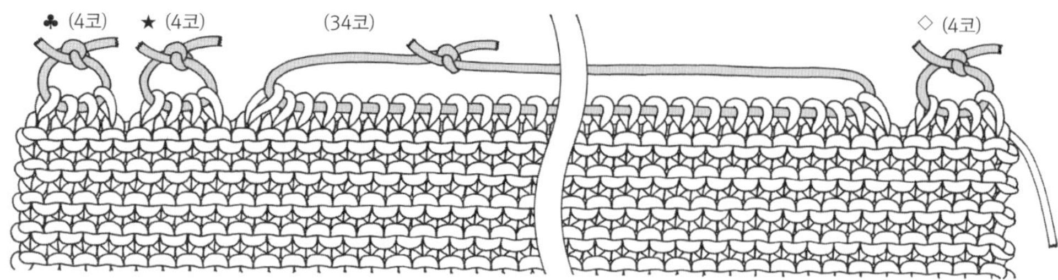

쉼코로 통과시키는 실은 실끼리 잘 엉키지 않는 것을 선택하세요.

3 몸판을 뜹니다

손가락에 걸어 만드는 시작코로 뜨기 시작하고, 몸판의 양 끝은 걸러뜨기를 합니다.
가터뜨기는 가장자리 코가 늘어나기 쉬우므로 이를 방지하기 위해 양 끝의 코는 걸러뜨기를 해줍니다.
도중에 분산해서 코줄임을 합니다.

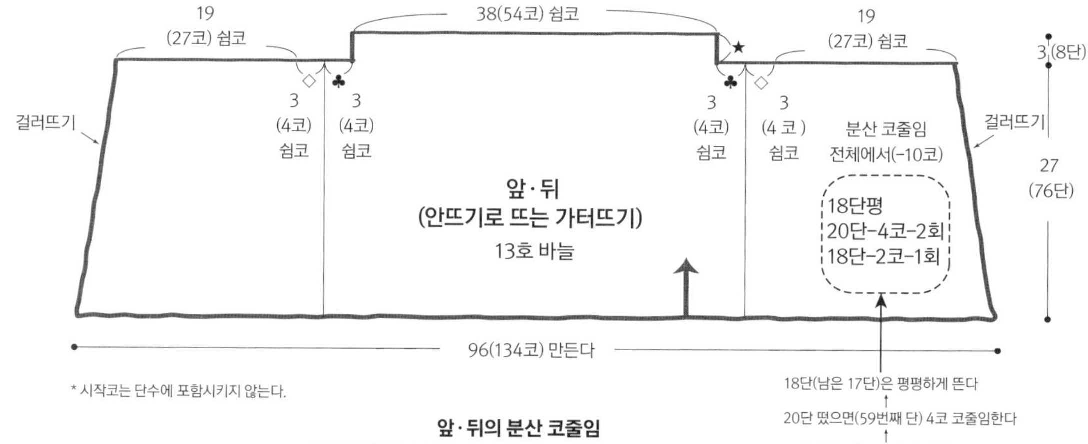

* 시작코는 단수에 포함시키지 않는다.

걸러뜨기를 한 가장자리.
겉뜨기로 뜬 가터뜨기에서는
볼 수 없는 느낌이 나옵니다.

앞 · 뒤의 분산 코줄임

단-코-횟수	단	2코 모아뜨기할 코	횟수	남은 코	전체 코
20-4-1	59번째 단	24번째 코와 25번째 코	4번	28코	124코
20-4-1	39번째 단	25번째 코와 26번째 코	4번	28코	128코
18-2-1	19번째 단	44번째 코와 45번째 코	2번	44코	132코

아래에서 위쪽으로 보면서 떠나갑니다.

18단(남은 17단)은 평평하게 뜬다

20단 떴으면(59번째 단) 4코 코줄임한다

20단 떴으면(39번째 단에서) 4코 코줄임한다

18단 떴으면(19번째 단에서) 2코 코줄임한다

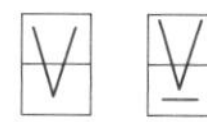

양 가장자리의
안뜨기 걸러뜨기

양 가장자리의 기호는
1단 어긋나므로 변하지만,
방법은 같습니다.

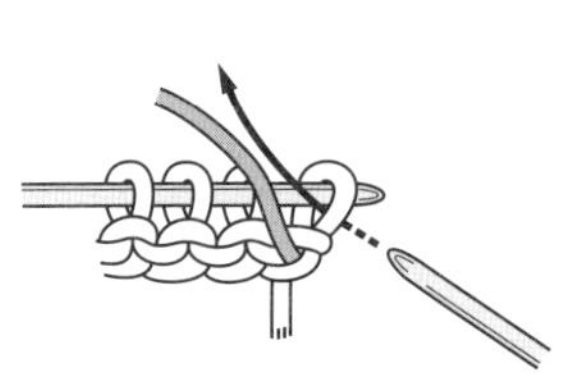

1 1번째 단의 1번째 코에 바늘을
넣은 후, 뜨지 않고 옮깁니다.

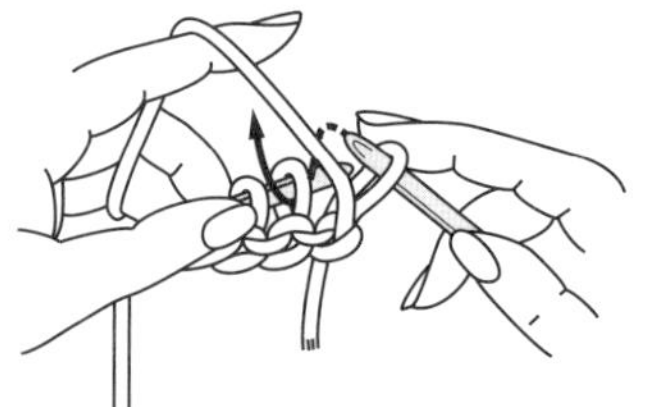

2 다음 코부터는 가장자리까지
일반적인 안뜨기를 뜹니다.

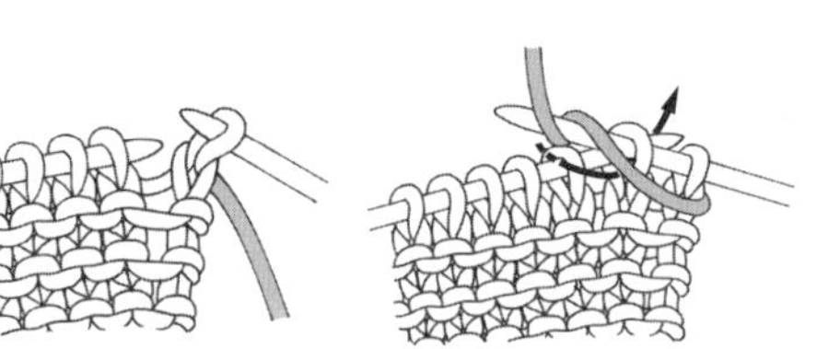

3 계속 뜨되, 시작코는 뜨지 않고
코를 계속 떠 옮깁니다.

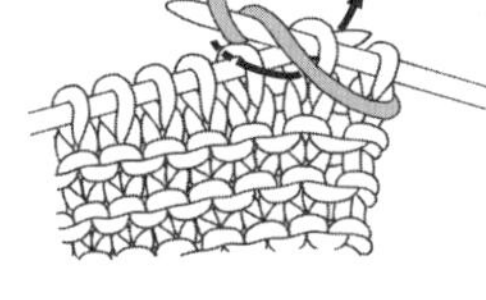

4 2코 이후, 가장자리까지
안뜨기를 뜹니다.

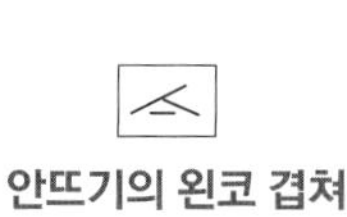

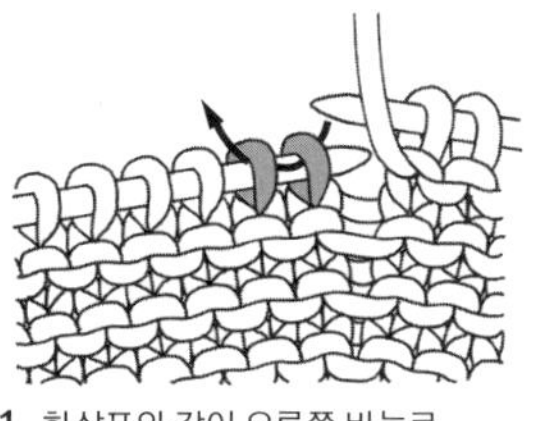

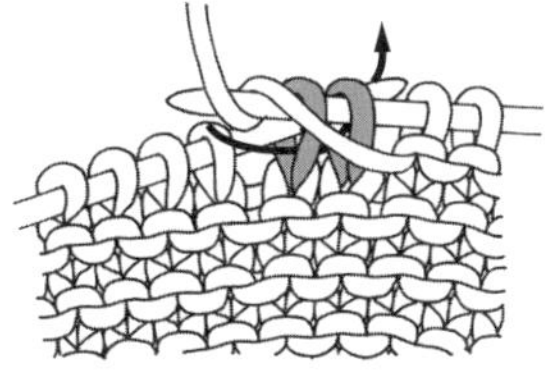

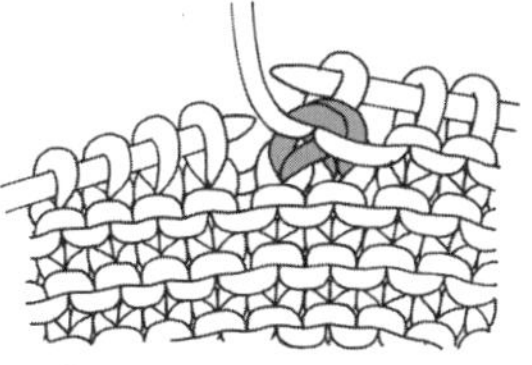

■ 분산 코줄임을 마친 뒤

76단까지 떴으면 실을 자르지 말고(이 실로 다음에 요크를 뜹니다) 놓아둡니다.
양 끝은 각각 쉼코를 해두세요.
36번째 코에 새로 실을 대고 가터뜨기를 8단 합니다. 이때 양 끝엔 걸러뜨기를 하지 않습니다.

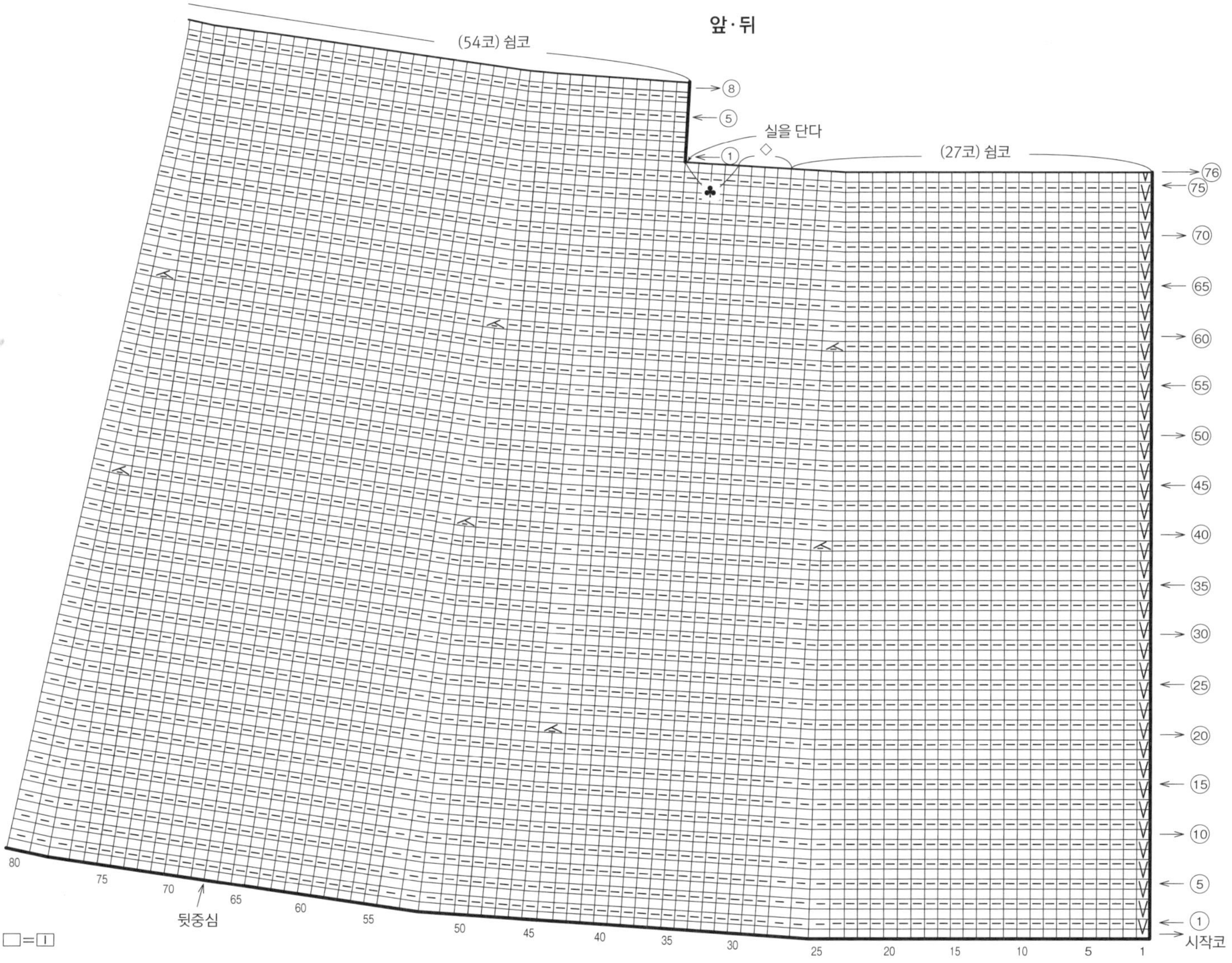

4 소매와 몸판을 합쳐서 요크를 뜹니다

몸판과 소매를 떠서 남겨놓았던 코를 바늘로 되돌리고, 우선 오른쪽 앞몸판의 27코를 가터뜨기로 뜹니다.
그러나 몸판의 뜨기 시작은 걸러뜨기합니다.
다음으로 오른쪽 소매 34코, 뒷몸판 54코, 왼쪽 소매 34코, 왼쪽 앞몸판 27코를 계속해서 뜹니다.
20단까지 코줄임하지 않고 뜬 후, 21번째 단부터 지정된 위치에서 분산하여 코줄임을 해나갑니다.
다 떴으면 안뜨기로 뜨는 가터뜨기로 코막음을 합니다.

요크의 분산 코줄임

단-코-횟수	단	2코 모아뜨기할 코	횟수	남은 코	전체 코
4-2-1	61번째 단	18번째 코와 19번째 코	2번	18코	54코
4-12-1	57번째 단	4번째 코와 5번째 코	11번	7코	56코
		5번째 코와 6번째 코	1번		
4-12-1	53번째 단	5번째 코와 6번째 코	11번	7코	68코
		6번째 코와 7번째 코	1번		
4-12-1	49번째 단	6번째 코와 7번째 코	12번	8코	80코
4-12-1	45번째 단	7번째 코와 8번째 코	12번	8코	92코
4-12-1	41번째 단	8번째 코와 9번째 코	12번	8코	104코
4-12-1	37번째 단	9번째 코와 10번째 코	12번	8코	116코
4-12-1	33번째 단	10번째 코와 11번째 코	12번	8코	128코
4-12-1	29번째 단	11번째 코와 12번째 코	12번	8코	140코
4-12-1	25번째 단	12번째 코와 13번째 코	12번	8코	152코
20-12-1	21번째 단	13번째 코와 14번째 코	12번	8코	164코

아래에서 보며 떠나갑니다.

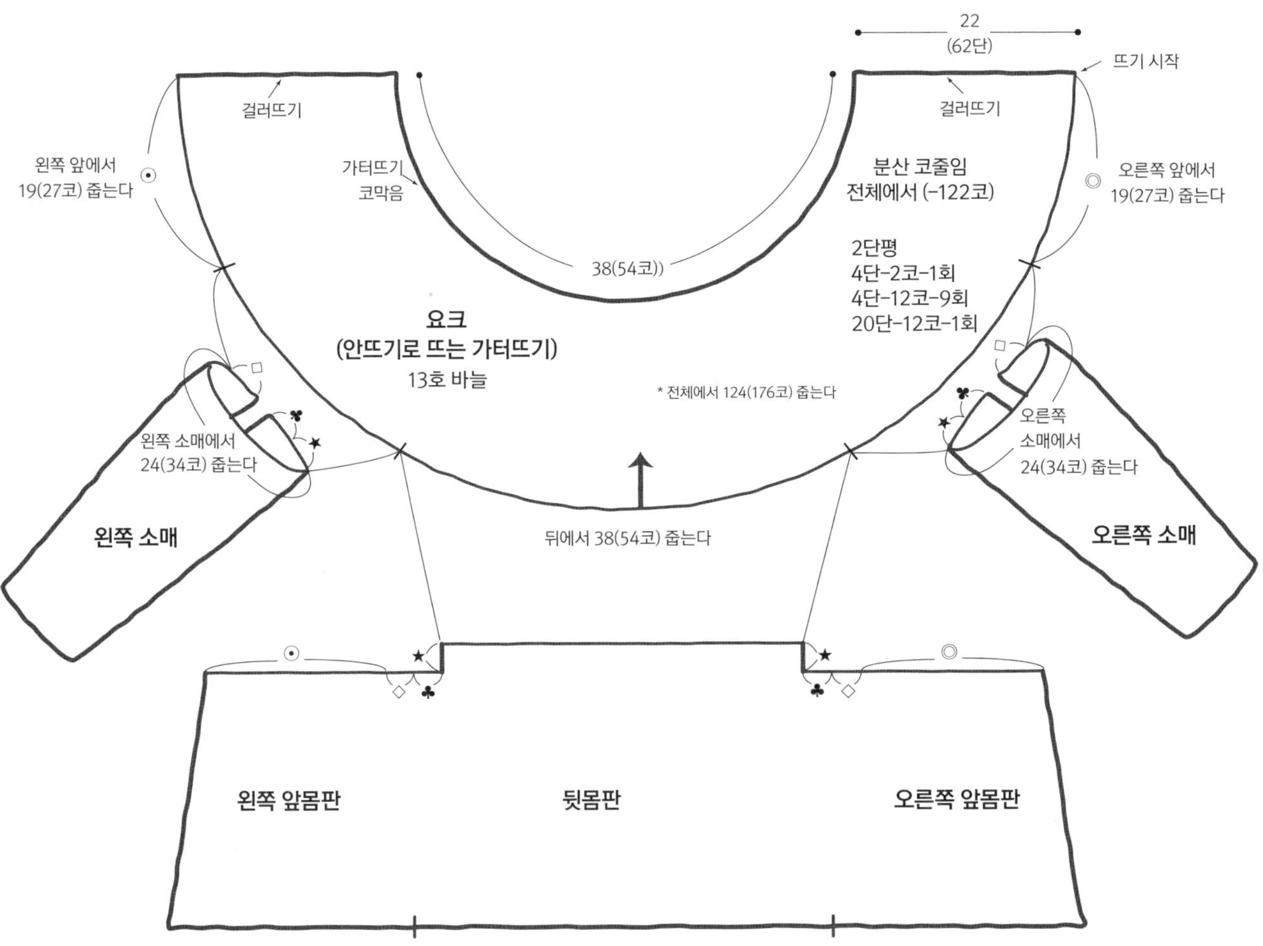

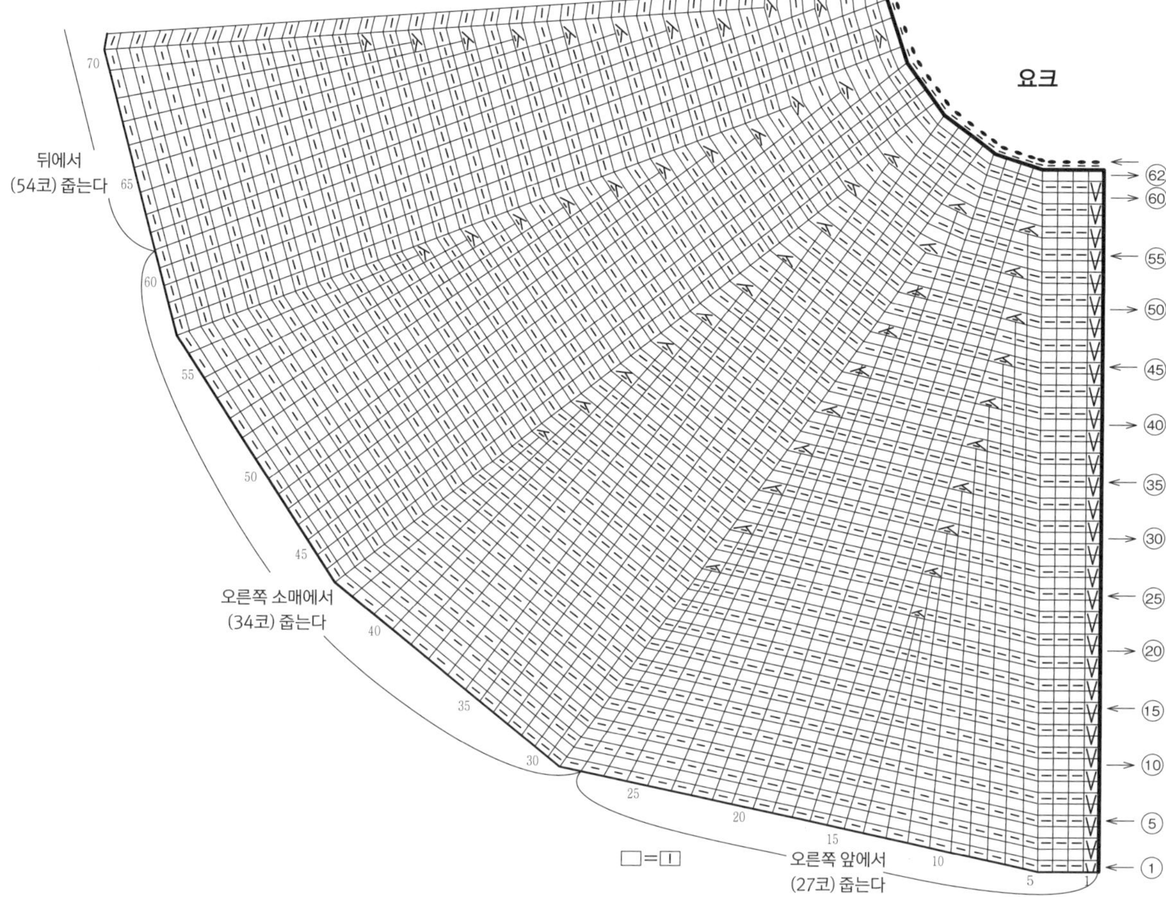

■ 실 바꾸기와 처리

안뜨기로 뜨는 가터뜨기를 할 때는 가장자리에서 실을 바꾸는 것보다 뜨면서 바꾸는 방법을 추천합니다 .

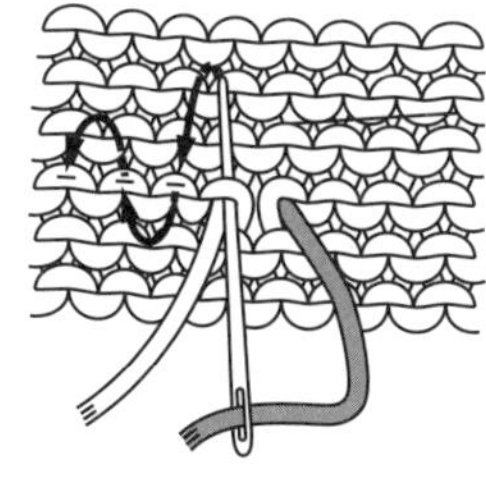

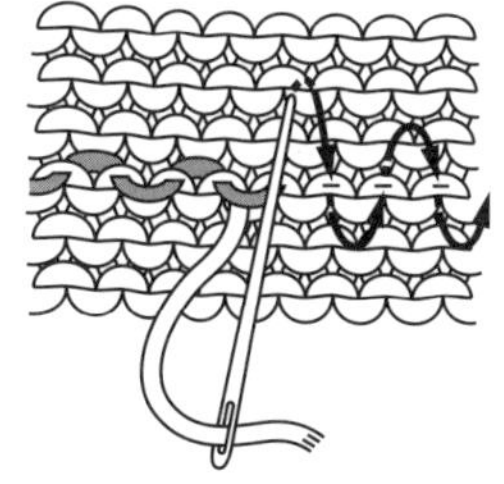

1 뜨는 도중에 실을 바꾼 후, 임시로 가볍게
묶어두고 계속해서 뜹니다.
안쪽에서 실을 풀고 오른쪽 실은 왼쪽 코를
나누듯이 뜨개코에 실을 통과시켜갑니다.

2 반대쪽도 같은 방법으로 처리합니다.

5 드디어 완성입니다!

겨드랑이 아래는 같은 표시(◇♣★)끼리 연결해나갑니다.
소매 밑부분은 소맷부리부터 가터뜨기 꿰매기(단과 단 잇기)를 합니다.

■ 코와 코 잇기(안메리야스잇기)

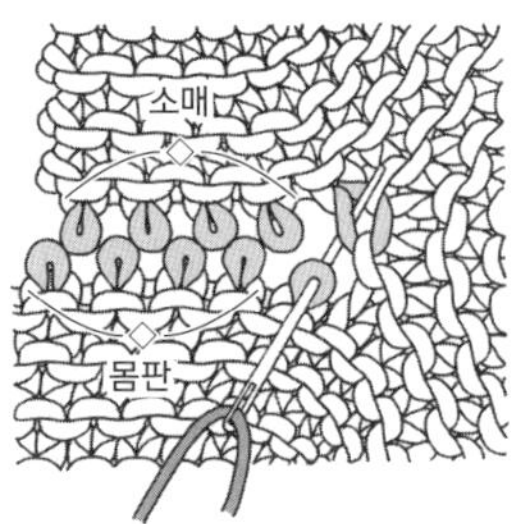
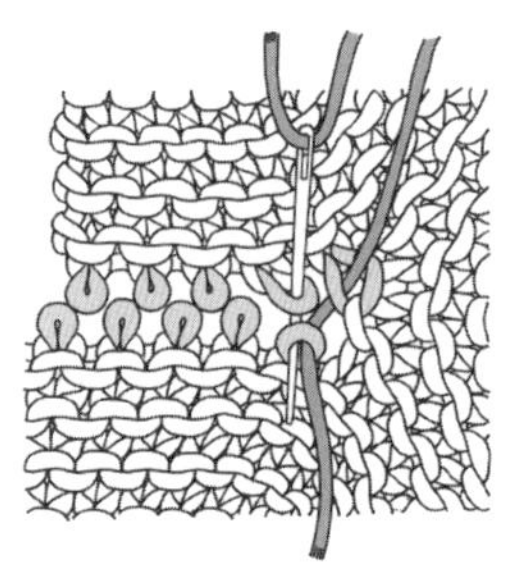
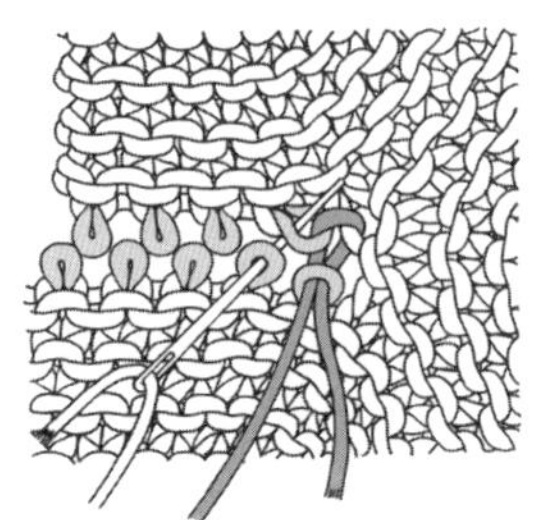
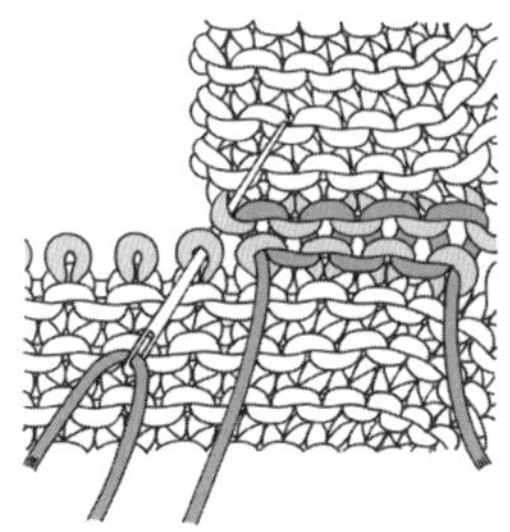

1 몸판과 소매의 겉쪽을 맞대고, 몸판의 1번째 코에서 소매의 1코 옆의 코에 바늘을 넣습니다.

2 소매의 1번째 코에 바늘을 넣고, 몸판 쪽은 같은 코로 되돌아갑니다.

3 몸판 옆의 코에 바늘을 넣고, 소매 쪽은 같은 코로 되돌아갑니다.

4 같은 방법을 반복하여 안메리야스잇기(코와 코 잇기)를 합니다.

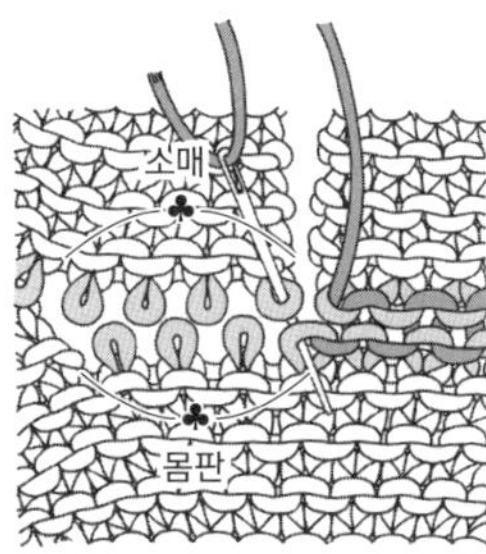
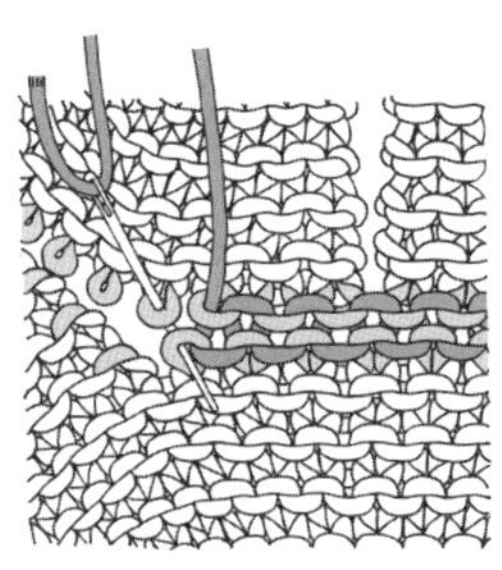

■ 코와 단 잇기(안메리야스잇기)

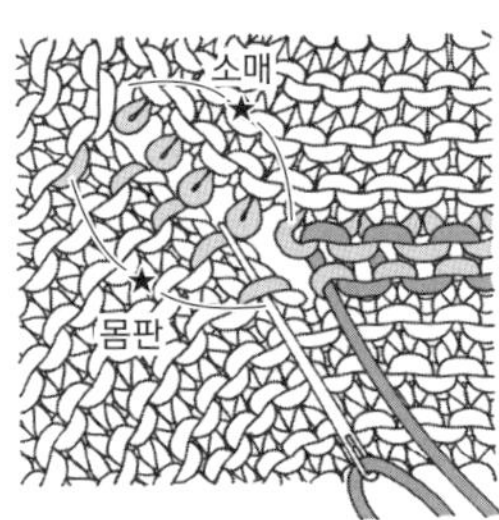
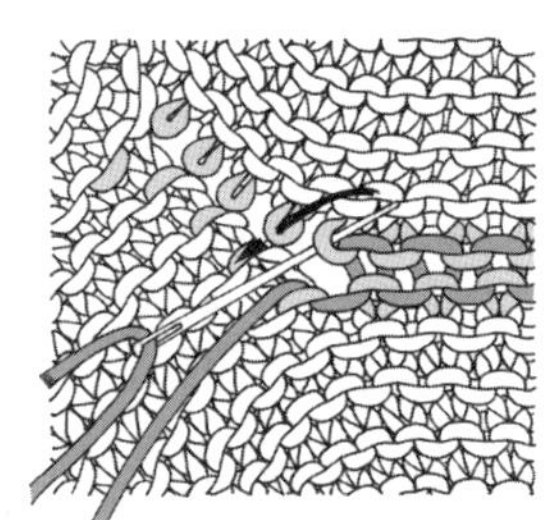

5 소매의 반대쪽에 남겨둔 4코도 같은 방법으로 안메리야스잇기(코와 코 잇기)를 합니다.

6 몸판의 8번째 코에 바늘을 넣습니다.

7 여기에서부터 몸판과 소매의 ★부분을 연결합니다. 몸판의 코를 건집니다.

8 소매 쪽은 계속해서 안메리야스잇기(코와 단 잇기) 요령으로 바늘을 넣습니다.

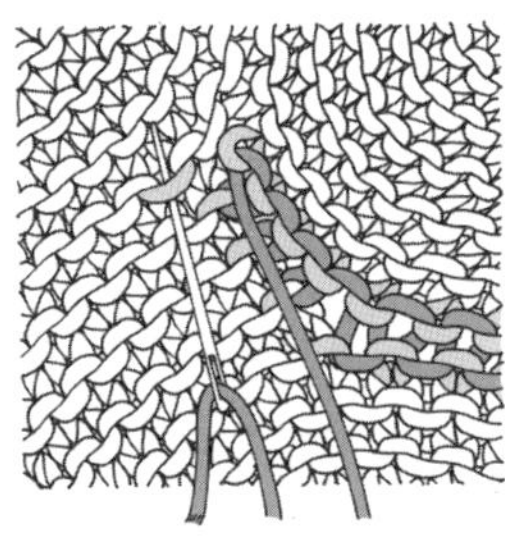
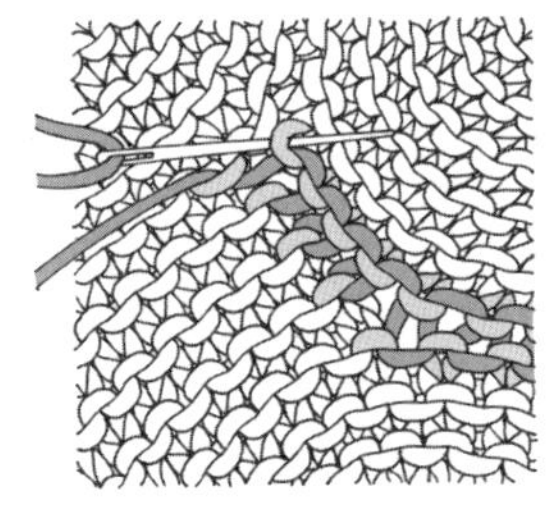
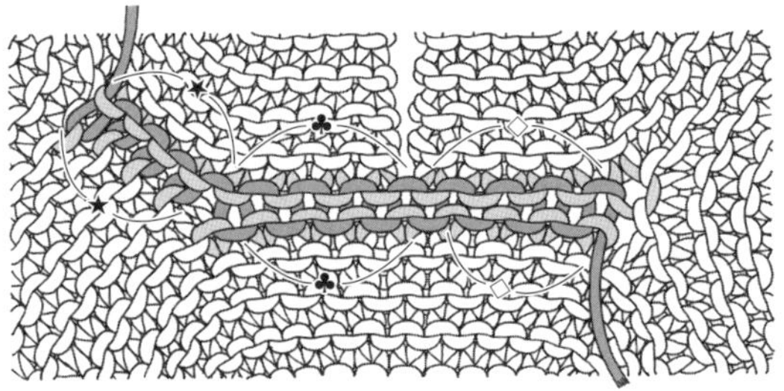

9 몸판 쪽의 코와 코 사이에 걸쳐 있는 실을 건집니다.

10 소매 쪽으로 코를 되돌립니다.

11 처음과 끝의 실 끝은 안쪽으로 넣어서 처리합니다.

■ 가터뜨기 꿰매기(단과 단 잇기)

가터뜨기를 2단마다 건져서 연결하면 완성됩니다.

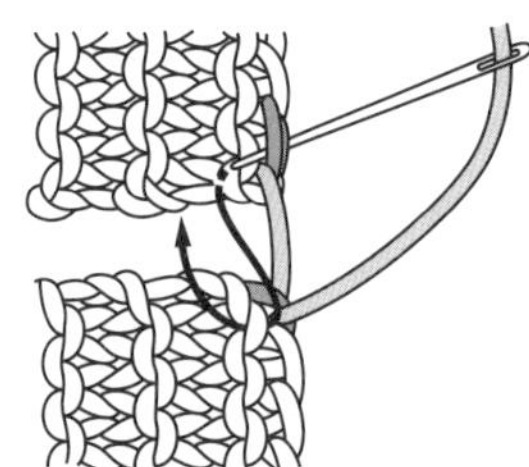
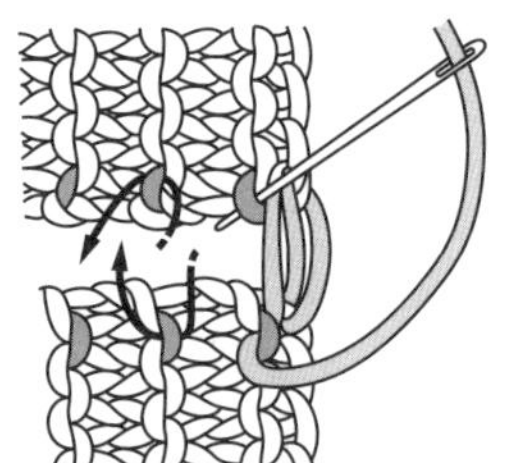
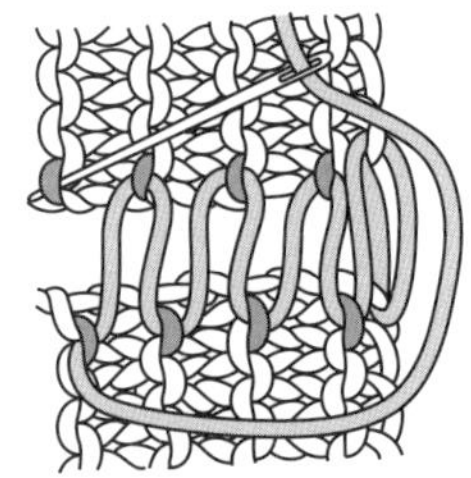

1 연결할 2장을 맞대고, 시작코끼리 건져서 연결합니다.

2 지정된 위치를 건져나갑니다.

3 1단마다 안뜨기 단을 건지고 연결 실을 당겨줍니다.

기본 패턴

원하는 사이즈, 원하는 색으로 만들어보세요.

가우디

A Line	M page 6	730g	page 33
	사용량	만드는 법	
A Line	M page 6	730g	page 33
	L page 5	790g	page 42
	S	670g	page 43

		사용량	만드는 법
Waist Shape	M page 9	650g	page 44
	L	700g	page 45
	S page 11	600g	page 46

		사용량	만드는 법
Boléro	M	500g	page 47
	L page 14	540g	page 48
	S page 13	450g	page 49

우란 2줄

		사용량	만드는 법
A Line	M	570g	page 55
	L	610g	page 56
	S page 7	520g	page 57

		사용량	만드는 법
Waist Shape	M	490g	page 50
	L page 10	510g	page 53
	S	450g	page 54

		사용량	만드는 법
Boléro	M page 15	390g	page 58
	L	420g	page 59
	S	360g	page 60

※ 가우디·우란의 색견본은 뒤쪽 책날개에 있습니다.

1 A Line

size_ L

p.5

- **재료** 에이브릴 가우디 그린(16) 790g
- **도구** 줄바늘 13호(지름 6mm, 길이 60cm)
- **사이즈** 가슴둘레 92cm, 길이 54cm
- **게이지** 안뜨기로 뜨는 가터뜨기 14코·28단 (10×10cm)

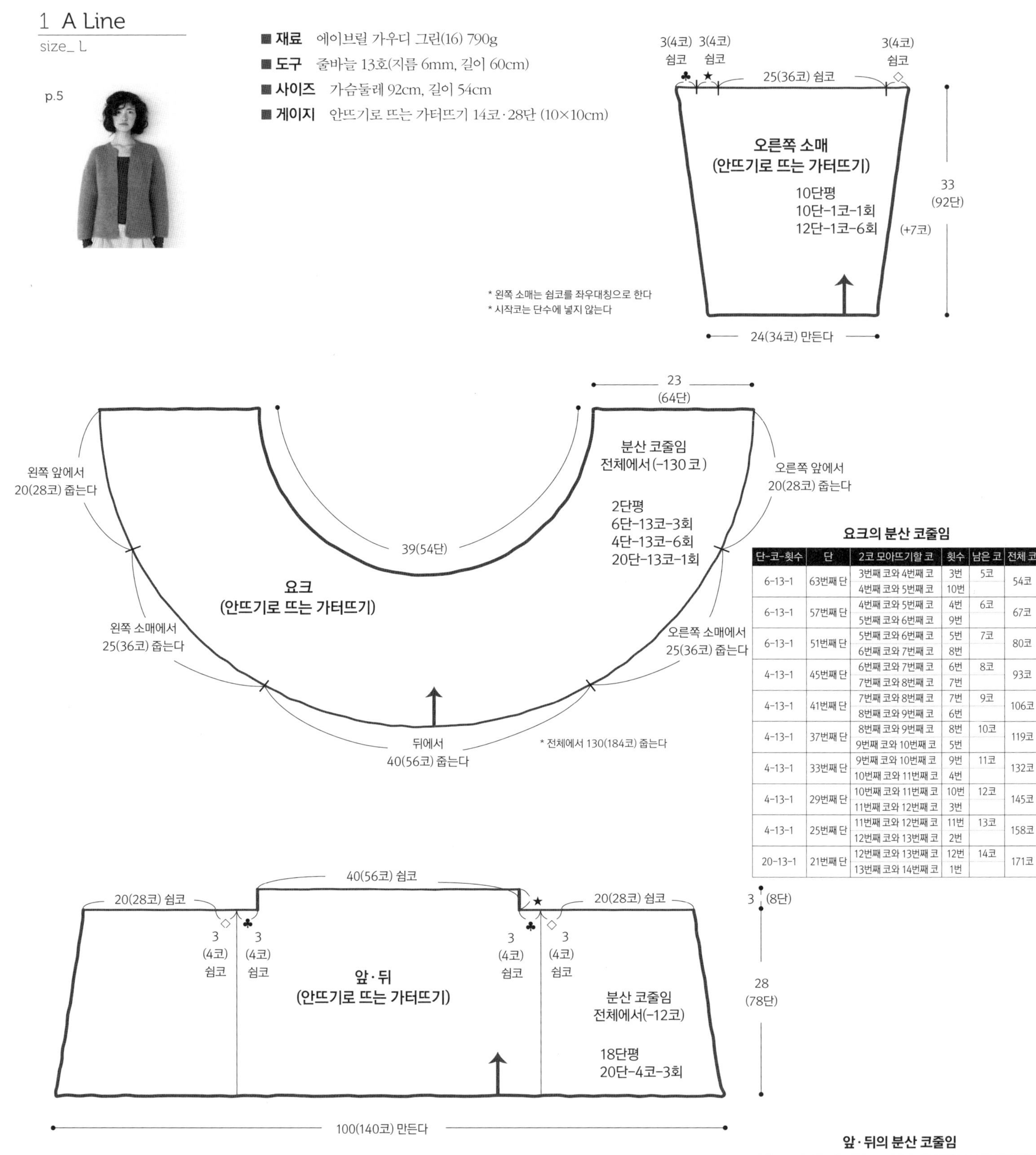

요크의 분산 코줄임

단-코-횟수	단	2코 모아뜨기할 코	횟수	남은 코	전체 코
6-13-1	63번째 단	3번째 코와 4번째 코	3번	5코	54코
		4번째 코와 5번째 코	10번		
6-13-1	57번째 단	4번째 코와 5번째 코	4번	6코	67코
		5번째 코와 6번째 코	9번		
6-13-1	51번째 단	5번째 코와 6번째 코	5번	7코	80코
		6번째 코와 7번째 코	8번		
4-13-1	45번째 단	6번째 코와 7번째 코	6번	8코	93코
		7번째 코와 8번째 코	7번		
4-13-1	41번째 단	7번째 코와 8번째 코	7번	9코	106코
		8번째 코와 9번째 코	6번		
4-13-1	37번째 단	8번째 코와 9번째 코	8번	10코	119코
		9번째 코와 10번째 코	5번		
4-13-1	33번째 단	9번째 코와 10번째 코	9번	11코	132코
		10번째 코와 11번째 코	4번		
4-13-1	29번째 단	10번째 코와 11번째 코	10번	12코	145코
		11번째 코와 12번째 코	3번		
4-13-1	25번째 단	11번째 코와 12번째 코	11번	13코	158코
		12번째 코와 13번째 코	2번		
20-13-1	21번째 단	12번째 코와 13번째 코	12번	14코	171코
		13번째 코와 14번째 코	1번		

앞·뒤의 분산 코줄임

단-코-횟수	단	2코 모아뜨기할 코	횟수	남은 코	전체 코
20-4-1	61번째 단	25번째 코와 26번째 코	4번	28코	128코
20-4-1	41번째 단	26번째 코와 27번째 코	4번	28코	132코
20-4-1	21번째 단	27번째 코와 28번째 코	4번	28코	136코

A Line

size_ S

- **재료** 에이브릴 가우디 670g
- **도구** 줄바늘 13호(지름 6mm, 길이 60cm)
- **사이즈** 가슴둘레 84cm, 길이 50cm
- **게이지** 안뜨기로 뜨는 가터뜨기 14코·28단 (10×10cm)

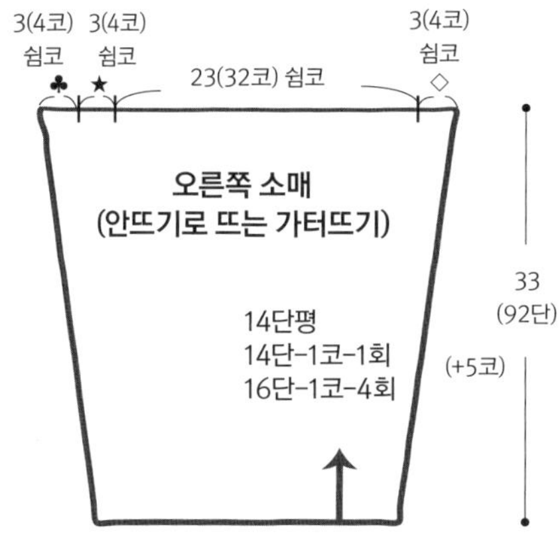

* 왼쪽 소매는 쉼코를 좌우대칭으로 한다
* 시작코는 단수에 넣지 않는다

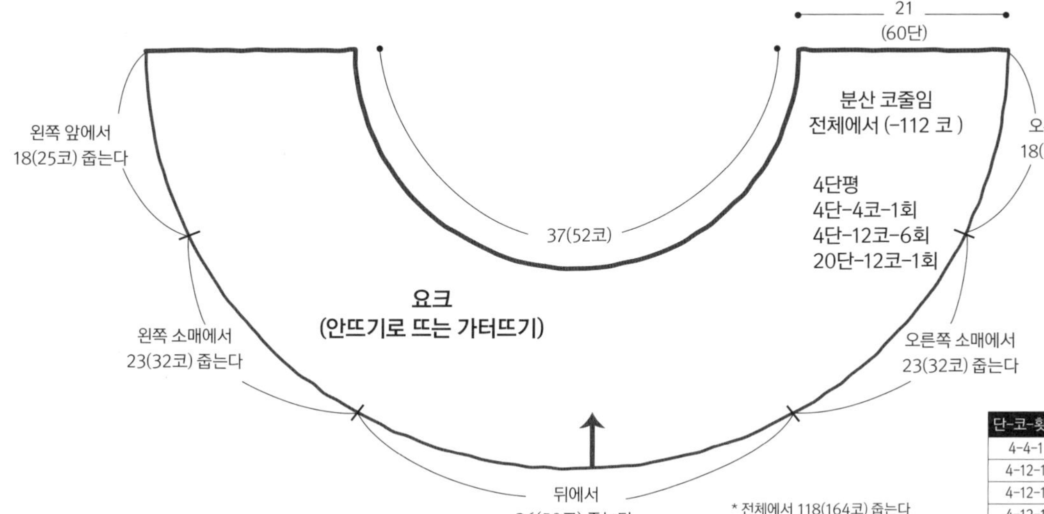

요크의 분산 코줄임

단-코-횟수	단	2코 모아뜨기할 코	횟수	남은 코	전체 코
4-4-1	57번째 단	10번째 코와 11번째 코	4번	12코	52코
4-12-1	53번째 단	4번째 코와 5번째 코	12번	8코	56코
4-12-1	49번째 단	5번째 코와 6번째 코	12번	8코	68코
4-12-1	45번째 단	6번째 코와 7번째 코	12번	8코	80코
4-12-1	41번째 단	7번째 코와 8번째 코	12번	8코	92코
4-12-1	37번째 단	8번째 코와 9번째 코	12번	8코	104코
4-12-1	33번째 단	9번째 코와 10번째 코	12번	8코	116코
4-12-1	29번째 단	10번째 코와 11번째 코	12번	8코	128코
4-12-1	25번째 단	11번째 코와 12번째 코	12번	8코	140코
20-12-1	21번째 단	11번째 코와 12번째 코	12번	20코	152코

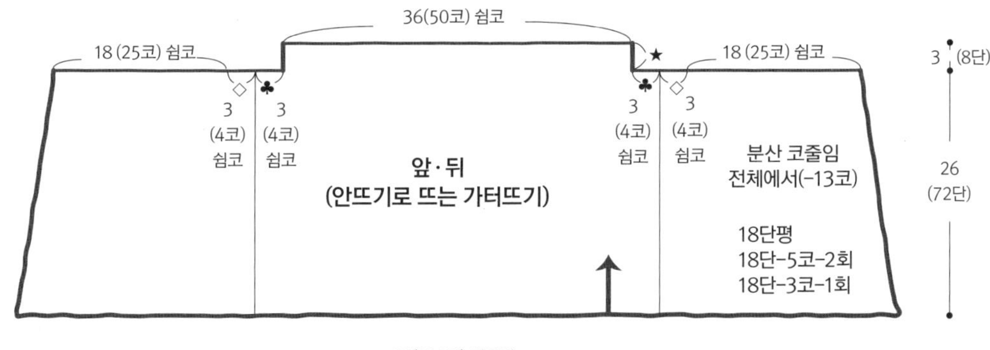

앞·뒤의 분산 코줄임

단-코-횟수	단	2코 모아뜨기할 코	횟수	남은 코	전체 코
18-5-1	55번째 단	19번째 코와 20번째 코	5번	21코	116코
18-5-1	37번째 단	20번째 코와 21번째 코	5번	21코	121코
18-5-1	19번째 단	31번째 코와 32번째 코	3번	33코	126코

p.9

- ■ **재료**　에이브릴 가우디 블랙(30) 650g
- ■ **도구**　줄바늘 13호(지름 6mm, 길이 60cm)
- ■ **사이즈**　가슴둘레 88cm, 길이 52cm
- ■ **게이지**　안뜨기로 뜨는 가터뜨기 14코·28단 (10×10cm)

요크의 분산 코줄임

단-코-횟수	단	2코 모아뜨기할 코	횟수	남은 코	전체 코
4-2-1	61번째 단	18번째 코와 19번째 코	2번	18코	54코
4-12-1	57번째 단	4번째 코와 5번째 코	11번	7코	56코
		5번째 코와 6번째 코	1번		
4-12-1	53번째 단	5번째 코와 6번째 코	11번	7코	68코
		6번째 코와 7번째 코	1번		
4-12-1	49번째 단	6번째 코와 7번째 코	12번	8코	80코
4-12-1	45번째 단	7번째 코와 8번째 코	12번	8코	92코
4-12-1	41번째 단	8번째 코와 9번째 코	12번	8코	104코
4-12-1	37번째 단	9번째 코와 10번째 코	12번	8코	116코
4-12-1	33번째 단	10번째 코와 11번째 코	12번	8코	128코
4-12-1	29번째 단	11번째 코와 12번째 코	12번	8코	140코
4-12-1	25번째 단	12번째 코와 13번째 코	12번	8코	152코
20-12-1	21번째 단	13번째 코와 14번째 코	12번	8코	164코

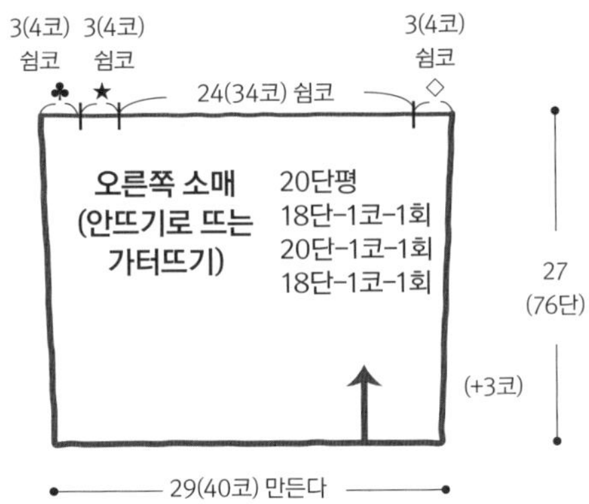

* 왼쪽 소매는 쉼코를 좌우대칭으로 한다
* 시작코는 단수에 넣지 않는다

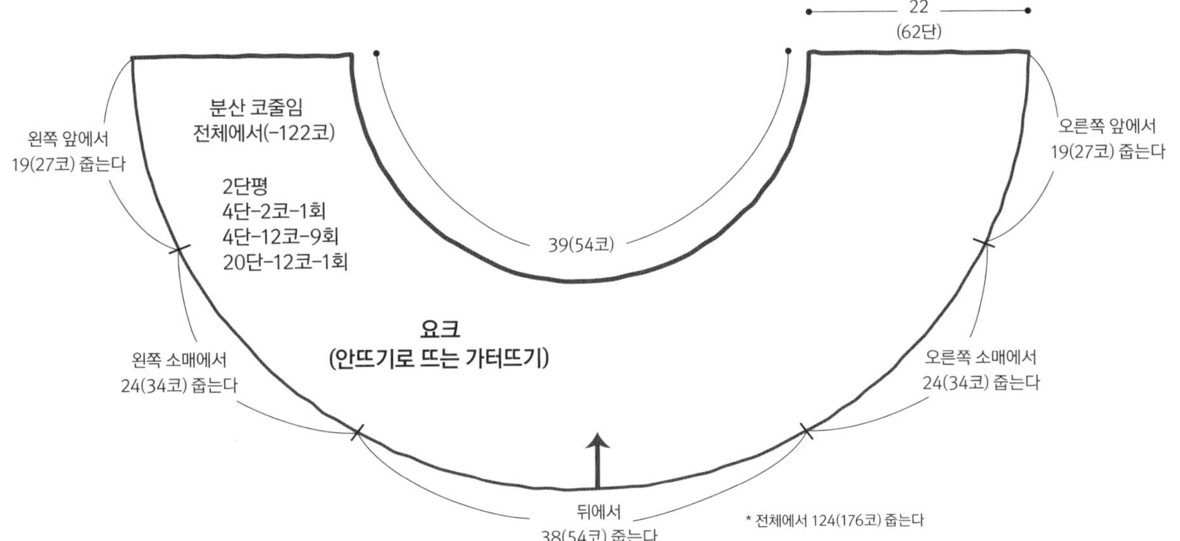

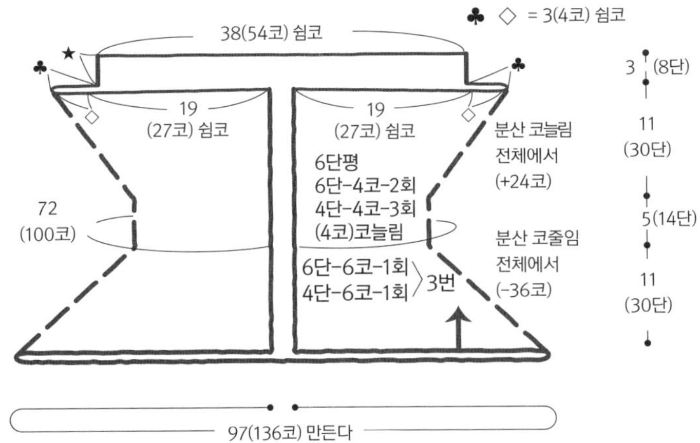

앞·뒤의 분산 코늘림

단-코-횟수	단	코늘림할 코	횟수	남은 코	전체 코
6-4-1	25번째 단	24번째 코	4번	24코	124코
6-4-1	19번째 단	23번째 코	4번	24코	120코
4-4-1	13번째 단	22번째 코	4번	24코	116코
4-4-1	9번째 단	21번째 코	4번	24코	112코
4-4-1	5번째 단	20번째 코	4번	24코	108코
0-4-1	1번째 단	20번째 코	4번	20코	104코

앞·뒤의 분산 코줄임

단-코-횟수	단	2코 모아뜨기할 코	횟수	남은 코	전체 코
6-6-1	31번째 단	14번째 코와 15번째 코	6번	16코	100코
4-6-1	25번째 단	15번째 코와 16번째 코	6번	16코	106코
6-6-1	21번째 단	16번째 코와 17번째 코	6번	16코	112코
4-6-1	15번째 단	17번째 코와 18번째 코	6번	16코	118코
6-6-1	11번째 단	18번째 코와 19번째 코	6번	16코	124코
4-6-1	5번째 단	19번째 코와 20번째 코	6번	16코	130코

Waist Shape

size_ L

- ■ **재료** 에이브릴 가우디 700g
- ■ **도구** 줄바늘 13호(지름 6mm, 길이 60cm)
- ■ **사이즈** 가슴둘레 92cm, 길이 54cm
- ■ **게이지** 안뜨기로 뜨는 가터뜨기 14코·28단 (10×10cm)

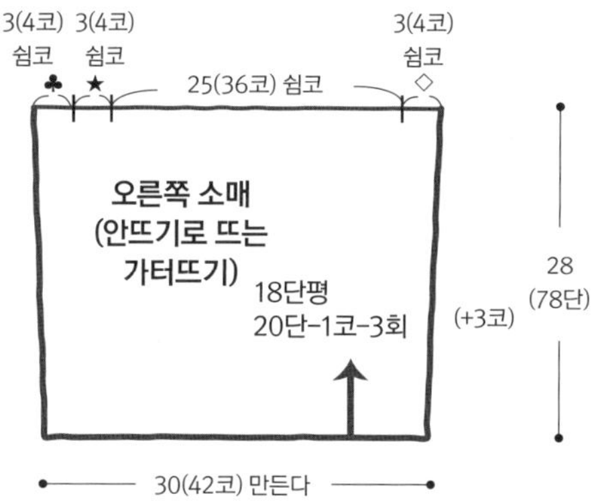

요크의 분산 코줄임

단-코-횟수	단	2코 모아뜨기할 코	횟수	남은 코	전체 코
6-12-1	63번째 단	4번째 코와 5번째 코	12번	8코	56코
6-12-1	57번째 단	5번째 코와 6번째 코	12번	8코	68코
6-12-1	51번째 단	6번째 코와 7번째 코	12번	8코	80코
4-13-1	45번째 단	6번째 코와 7번째 코	13번	14코	92코
4-13-1	41번째 단	7번째 코와 8번째 코	13번	14코	105코
4-13-1	37번째 단	8번째 코와 9번째 코	13번	14코	118코
4-13-1	33번째 단	9번째 코와 10번째 코	13번	14코	131코
4-13-1	29번째 단	10번째 코와 11번째 코	13번	14코	144코
4-13-1	25번째 단	11번째 코와 12번째 코	13번	14코	157코
20-13-1	21번째 단	12번째 코와 13번째 코	13번	14코	170코

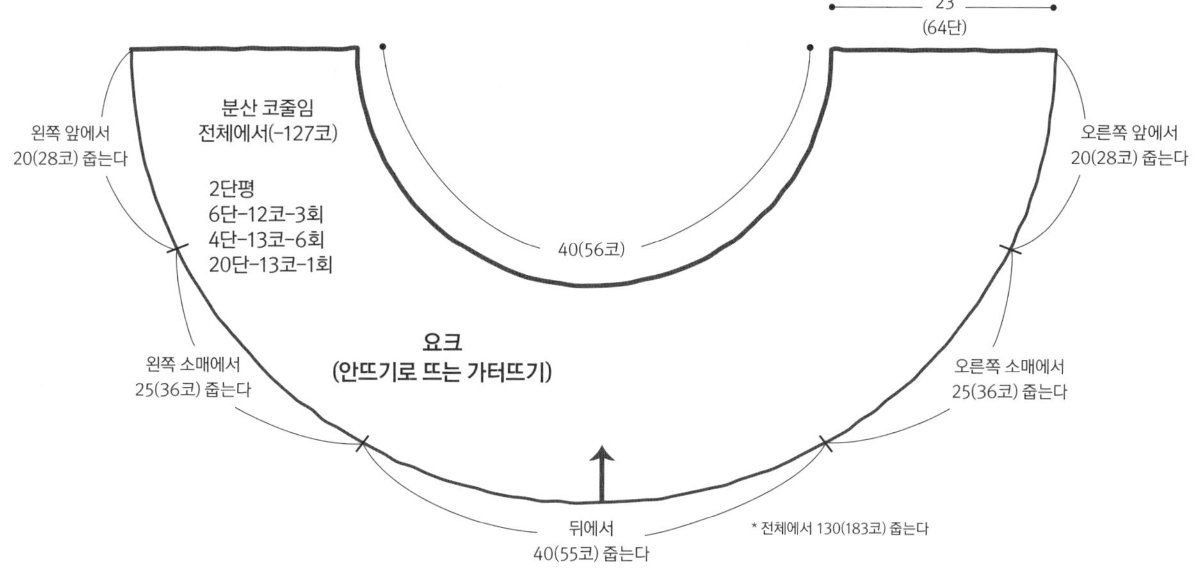

앞·뒤의 분산 코늘림

단-코-횟수	단	코늘림할 코	횟수	남은 코	전체 코
8-4-1	33번째 단	25번째 코	4번	23코	127코
8-4-1	25번째 단	24번째 코	4번	23코	123코
8-4-1	17번째 단	23번째 코	4번	23코	119코
8-4-1	9번째 단	22번째 코	4번	23코	115코
0-6-1	1번째 단	15번째 코	6번	15코	111코

앞·뒤의 분산 코줄임

단-코-횟수	단	2코 모아뜨기할 코	횟수	남은 코	전체 코
6-7-1	31번째 단	13번째 코와 14번째 코	7번	14코	105코
6-7-1	25번째 단	14번째 코와 15번째 코	7번	14코	116코
6-7-1	19번째 단	15번째 코와 16번째 코	7번	14코	119코
6-7-1	13번째 단	16번째 코와 17번째 코	7번	14코	126코
6-7-1	7번째 단	17번째 코와 18번째 코	7번	14코	133코

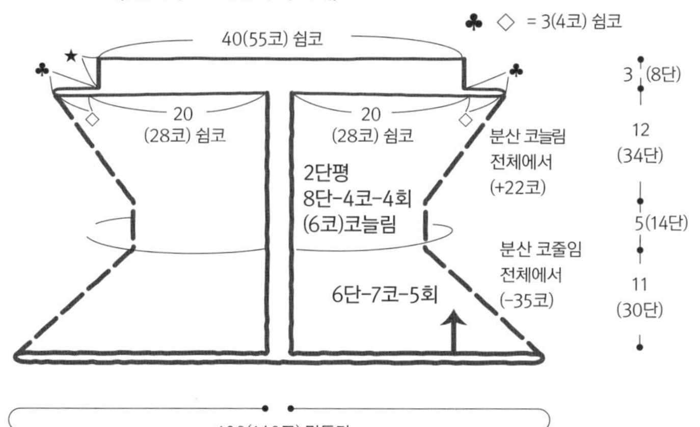

size_ S

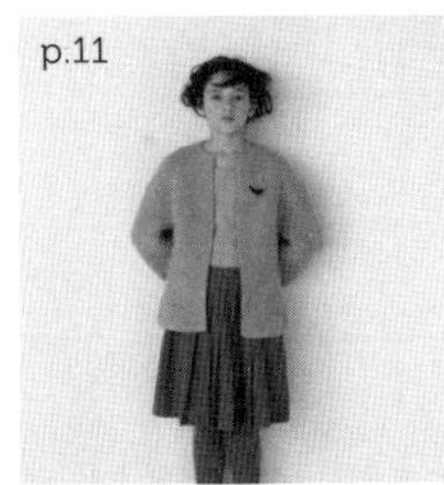

p.11

- **재료** 에이브릴 가우디 쿠키(61) 600g
- **도구** 줄바늘 13호(지름 6mm, 길이 60cm)
- **사이즈** 가슴둘레 84cm, 길이 50cm
- **게이지** 안뜨기로 뜨는 가터뜨기 14코·28단 (10×10cm)

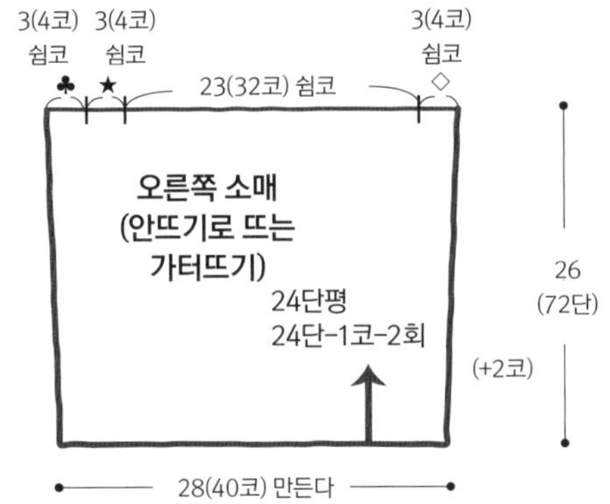

요크의 분산 코줄임

단-코-횟수	단	2코 모아뜨기할 코	횟수	남은 코	전체 코
4-4-1	57번째 단	10번째 코와 11번째 코	4번	12코	52코
4-12-1	53번째 단	4번째 코와 5번째 코	12번	8코	56코
4-12-1	49번째 단	5번째 코와 6번째 코	12번	8코	68코
4-12-1	45번째 단	6번째 코와 7번째 코	12번	8코	80코
4-12-1	41번째 단	7번째 코와 8번째 코	12번	8코	92코
4-12-1	37번째 단	8번째 코와 9번째 코	12번	8코	104코
4-12-1	33번째 단	9번째 코와 10번째 코	12번	8코	116코
4-12-1	29번째 단	10번째 코와 11번째 코	12번	8코	128코
4-12-1	25번째 단	11번째 코와 12번째 코	12번	8코	140코
20-12-1	21번째 단	11번째 코와 12번째 코	12번	20코	152코

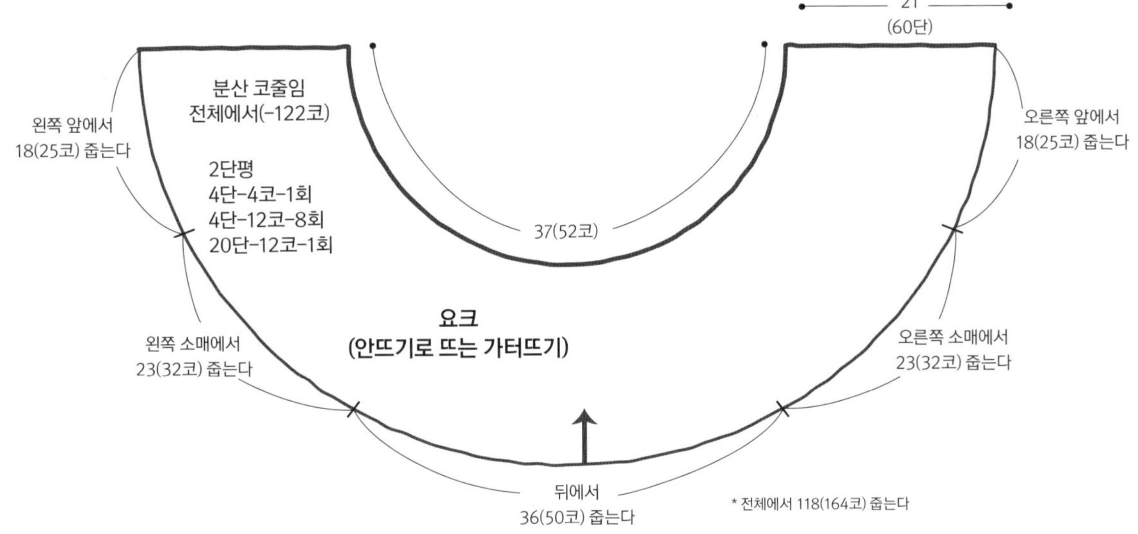

앞·뒤
(안뜨기로 뜨는 가터뜨기)

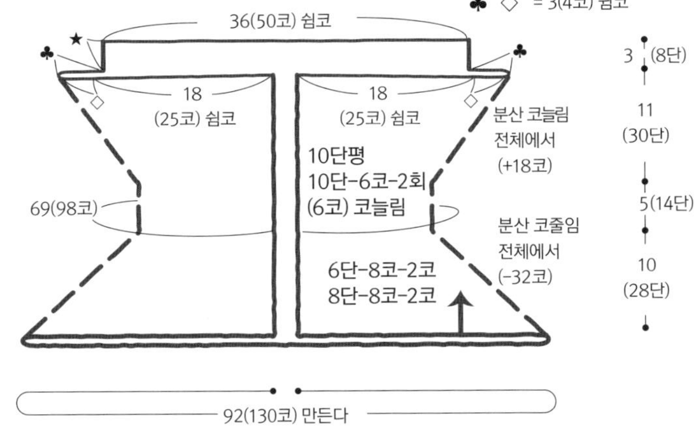

앞·뒤의 분산 코늘림

단-코-횟수	단	코늘림할 코	횟수	남은코	전체 코
10-6-1	21번째 단	16번째 코	6번	14코	116코
10-6-1	11번째 단	15번째 코	6번	14코	110코
0-6-1	1번째 단	14번째 코	6번	14코	104코

앞·뒤의 분산 코줄임

단-코-횟수	단	2코 모아뜨기할 코	횟수	남은코	전체 코
6-8-1	29번째 단	11번째 코와 12번째 코	8번	10코	98코
6-8-1	23번째 단	11번째 코와 12번째 코	8번	18코	106코
8-8-1	17번째 단	12번째 코와 13번째 코	8번	18코	114코
8-8-1	9번째 단	13번째 코와 14번째 코	8번	18코	122코

Boléro

size_ M

- **재료** 에이브릴 가우디 500g
- **도구** 줄바늘 13호(지름 6mm, 길이 60cm)
- **사이즈** 가슴둘레 88cm, 길이 48cm
- **게이지** 안뜨기로 뜨는 가터뜨기 14코·28단 (10×10cm)

오른쪽 소매
(안뜨기로 뜨는 가터뜨기)

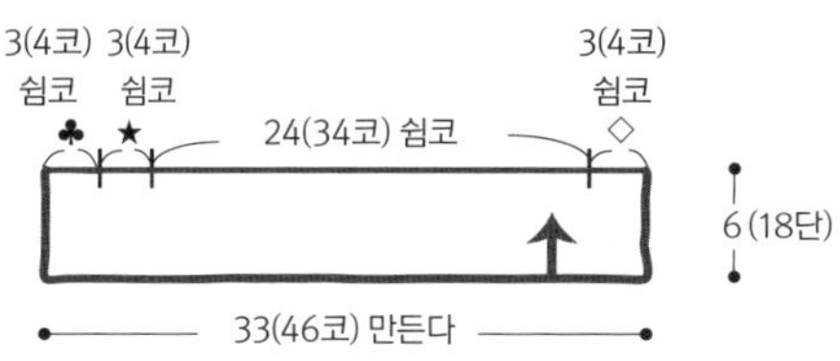

* 왼쪽 소매는 쉼코를 좌우대칭으로 한다
* 시작코는 단수에 넣지 않는다

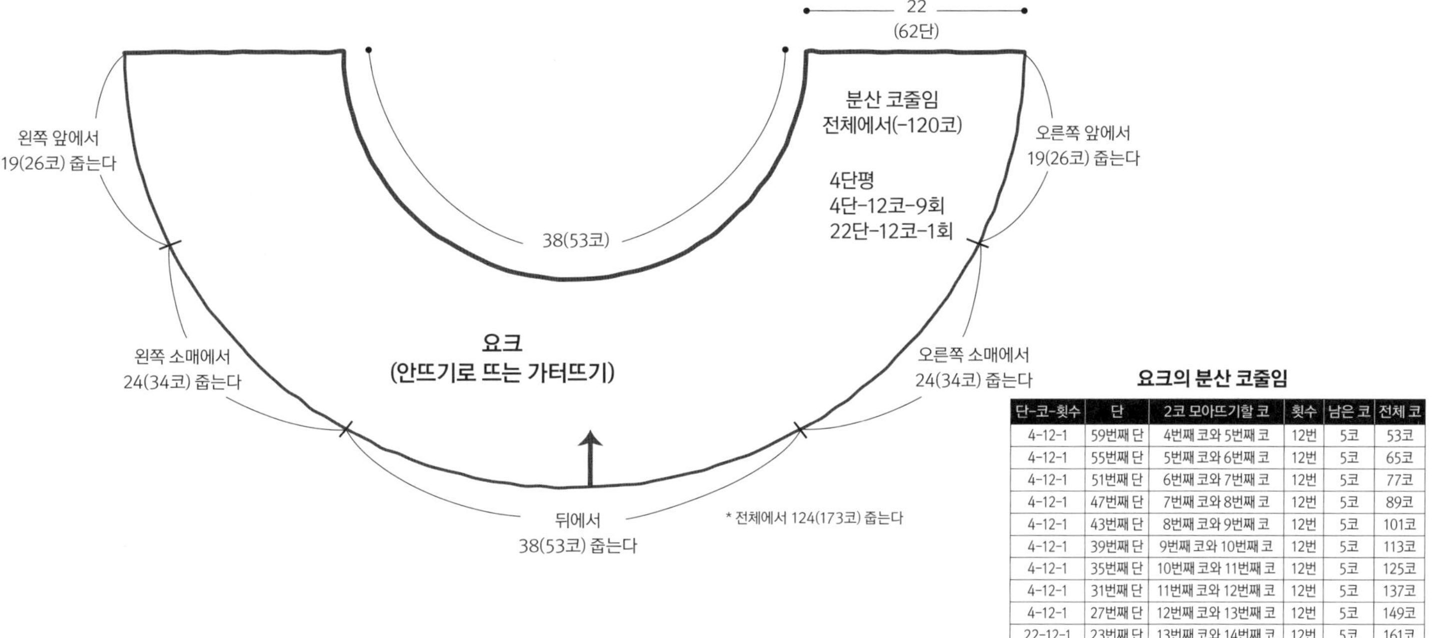

요크의 분산 코줄임

단-코-횟수	단	2코 모아뜨기할 코	횟수	남은 코	전체 코
4-12-1	59번째 단	4번째 코와 5번째 코	12번	5코	53코
4-12-1	55번째 단	5번째 코와 6번째 코	12번	5코	65코
4-12-1	51번째 단	6번째 코와 7번째 코	12번	5코	77코
4-12-1	47번째 단	7번째 코와 8번째 코	12번	5코	89코
4-12-1	43번째 단	8번째 코와 9번째 코	12번	5코	101코
4-12-1	39번째 단	9번째 코와 10번째 코	12번	5코	113코
4-12-1	35번째 단	10번째 코와 11번째 코	12번	5코	125코
4-12-1	31번째 단	11번째 코와 12번째 코	12번	5코	137코
4-12-1	27번째 단	12번째 코와 13번째 코	12번	5코	149코
22-12-1	23번째 단	13번째 코와 14번째 코	12번	5코	161코

앞·뒤의 분산 코줄임

단-코-횟수	단	2코 모아뜨기할 코	횟수	남은 코	전체 코
10-2-1	59번째 단	40번째 코와 41번째 코	2번	41코	121코
16-4-1	49번째 단	24번째 코와 25번째 코	4번	27코	123코
16-4-1	33번째 단	25번째 코와 26번째 코	4번	27코	127코
16-3-1	17번째 단	32번째 코와 33번째 코	3번	35코	131코

8 Boléro

size_ L

- **재료** 에이브릴 가우디 그레이(40) 540g
- **도구** 줄바늘 13호(지름 6mm, 길이 60cm)
- **사이즈** 가슴둘레 92cm, 길이 50cm
- **게이지** 안뜨기로 뜨는 가터뜨기 14코·28단 (10×10cm)

오른쪽 소매
(안뜨기로 뜨는 가터뜨기)

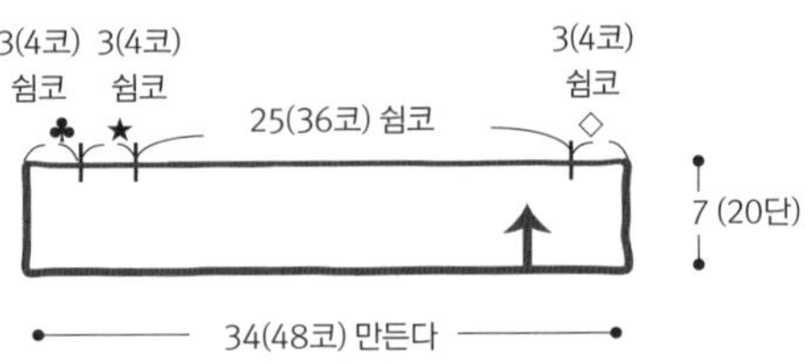

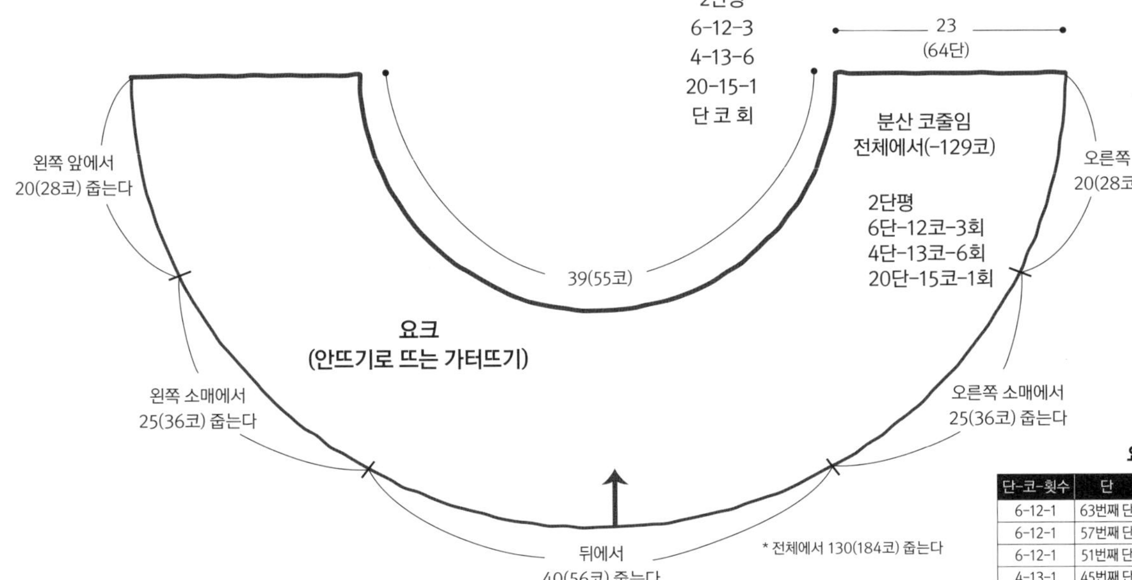

요크의 분산 코줄임

단-코-횟수	단	2코 모아뜨기할 코	횟수	남은 코	전체 코
6-12-1	63번째 단	4번째 코와 5번째 코	12번	7코	55코
6-12-1	57번째 단	5번째 코와 6번째 코	12번	7코	67코
6-12-1	51번째 단	6번째 코와 7번째 코	12번	7코	79코
4-13-1	45번째 단	6번째 코와 7번째 코	13번	13코	91코
4-13-1	41번째 단	7번째 코와 8번째 코	13번	13코	104코
4-13-1	37번째 단	8번째 코와9번째 코	13번	13코	117코
4-13-1	33번째 단	9번째 코와 10번째 코	13번	13코	130코
4-13-1	29번째 단	10번째 코와 11번째 코	13번	13코	143코
4-13-1	25번째 단	11번째 코와 12번째 코	13번	13코	156코
20-15-1	21번째 단	10번째 코와 11번째 코	15번	19코	169코

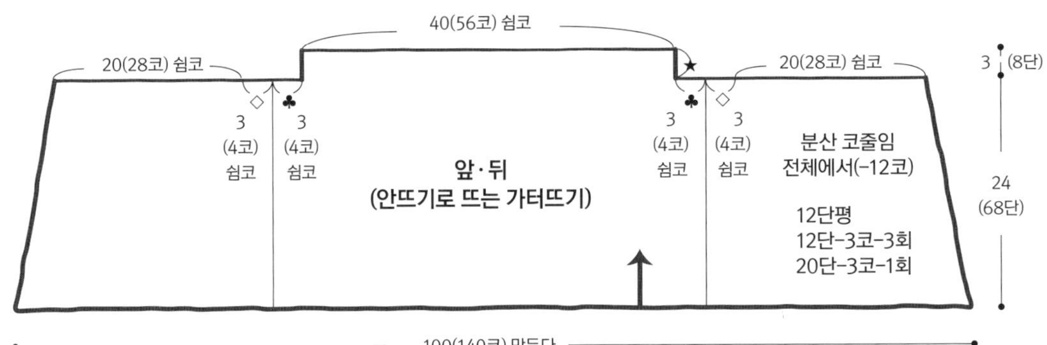

앞·뒤의 분산 코줄임

단-코-횟수	단	2코 모아뜨기할 코	횟수	남은 코	전체 코
12-3-1	57번째 단	32번째 코와 33번째 코	3번	32코	128코
12-3-1	45번째 단	32번째 코와 33번째 코	3번	35코	131코
12-3-1	33번째 단	33번째 코와 34번째 코	3번	35코	134코
20-3-1	21번째 단	34번째 코와 35번째 코	3번	35코	137코

7 Boléro

size_ S

p.13

- **재료** 에이브릴 가우디 카키(44) 450g
- **도구** 줄바늘 13호(지름 6mm, 길이 60cm)
- **사이즈** 가슴둘레 84cm, 길이 46cm
- **게이지** 안뜨기로 뜨는 가터뜨기 14코·28단 (10×10cm)

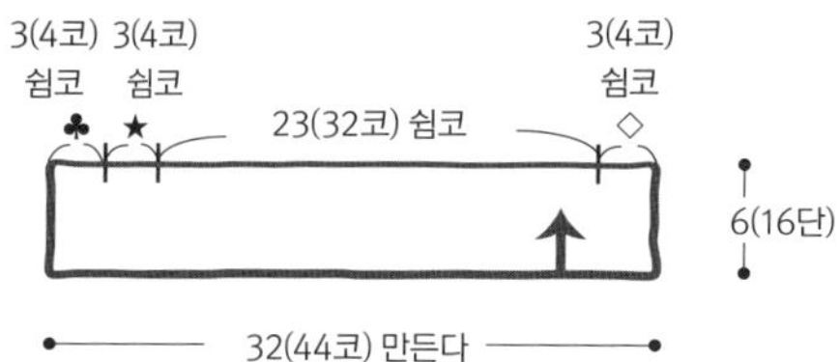

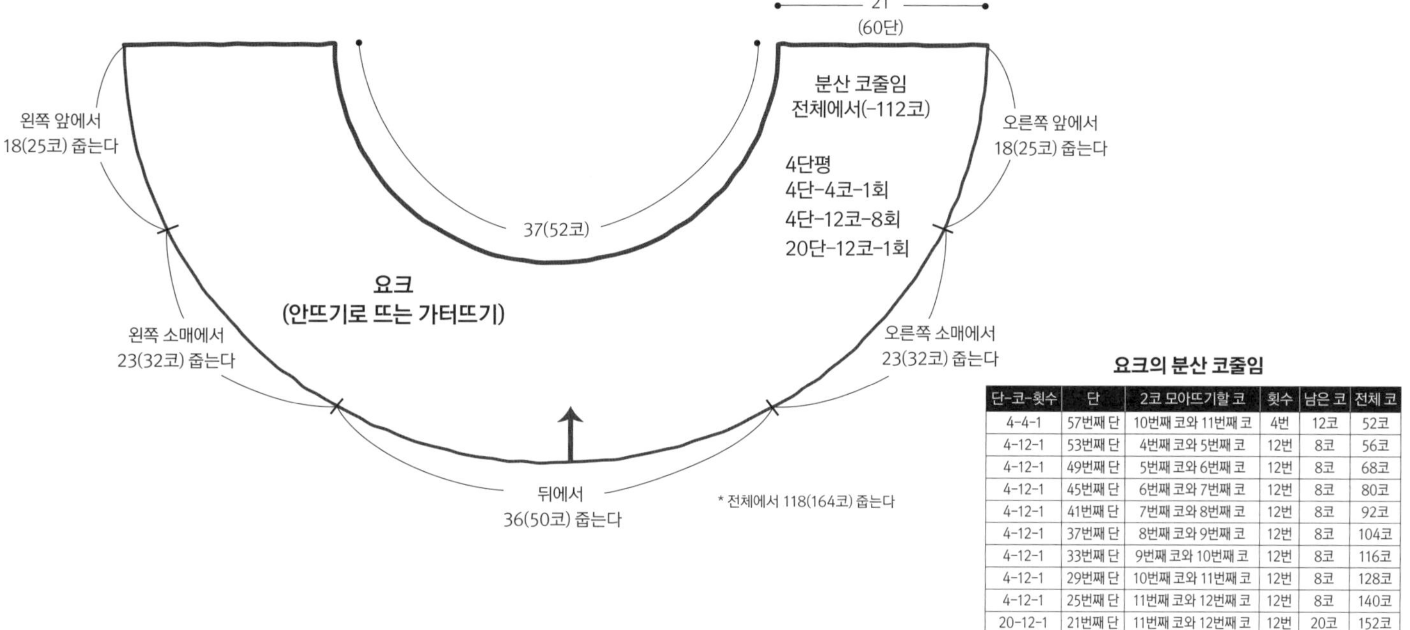

요크의 분산 코줄임

단-코-횟수	단	2코 모아뜨기할 코	횟수	남은 코	전체 코
4-4-1	57번째 단	10번째 코와 11번째 코	4번	12코	52코
4-12-1	53번째 단	4번째 코와 5번째 코	12번	8코	56코
4-12-1	49번째 단	5번째 코와 6번째 코	12번	8코	68코
4-12-1	45번째 단	6번째 코와 7번째 코	12번	8코	80코
4-12-1	41번째 단	7번째 코와 8번째 코	12번	8코	92코
4-12-1	37번째 단	8번째 코와 9번째 코	12번	8코	104코
4-12-1	33번째 단	9번째 코와 10번째 코	12번	8코	116코
4-12-1	29번째 단	10번째 코와 11번째 코	12번	8코	128코
4-12-1	25번째 단	11번째 코와 12번째 코	12번	8코	140코
20-12-1	21번째 단	11번째 코와 12번째 코	12번	20코	152코

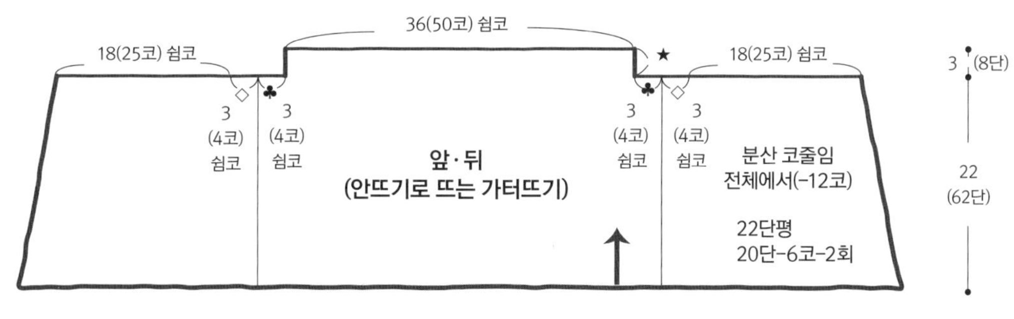

앞·뒤의 분산 코줄임

단-코-횟수	단	2코 모아뜨기할 코	횟수	남은 코	전체 코
20-6-1	41번째 단	16번째 코와 17번째 코	6번	20코	116코
20-6-1	21번째 단	17번째 코와 18번째 코	6번	20코	122코

Waist Shape

size_ M

- ■ **재료** 에이브릴 우란 490g
- ■ **도구** 줄바늘 점보 8mm(60cm)
- ■ **사이즈** 가슴둘레 88cm, 길이 52cm
- ■ **게이지** 메리야스뜨기 10코·14단 (10×10cm)
- ■ **뜨개질 포인트** 전부 2줄로 뜹니다. 손가락에 거는 시작코로 뜨기 시작하고, 소매와 몸판을 다 떴으면 쉼코를 해둡니다. 요크는 소매와 몸판에서 코줍기를 하여 뜨고, 다 뜬 후에는 코막음을 합니다. 겨드랑이 부분은 같은 모양(♣★◇)끼리 메리야스잇기(코와 코 잇기)와 메리야스잇기(코와 단 잇기)로 맞춰줍니다. 소매 밑부분은 메리야스 꿰매기(단과 단 잇기)를 합니다.

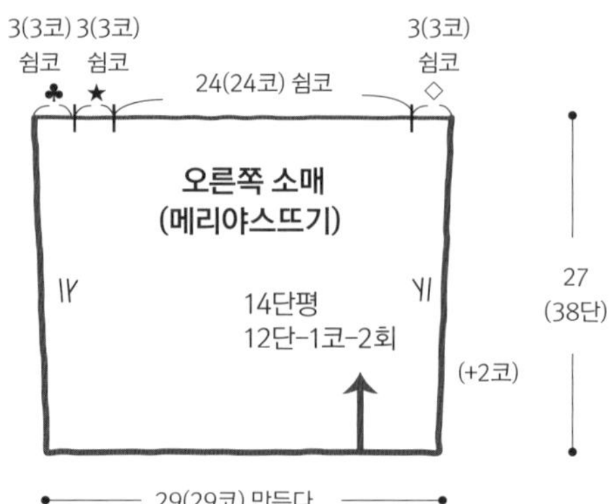

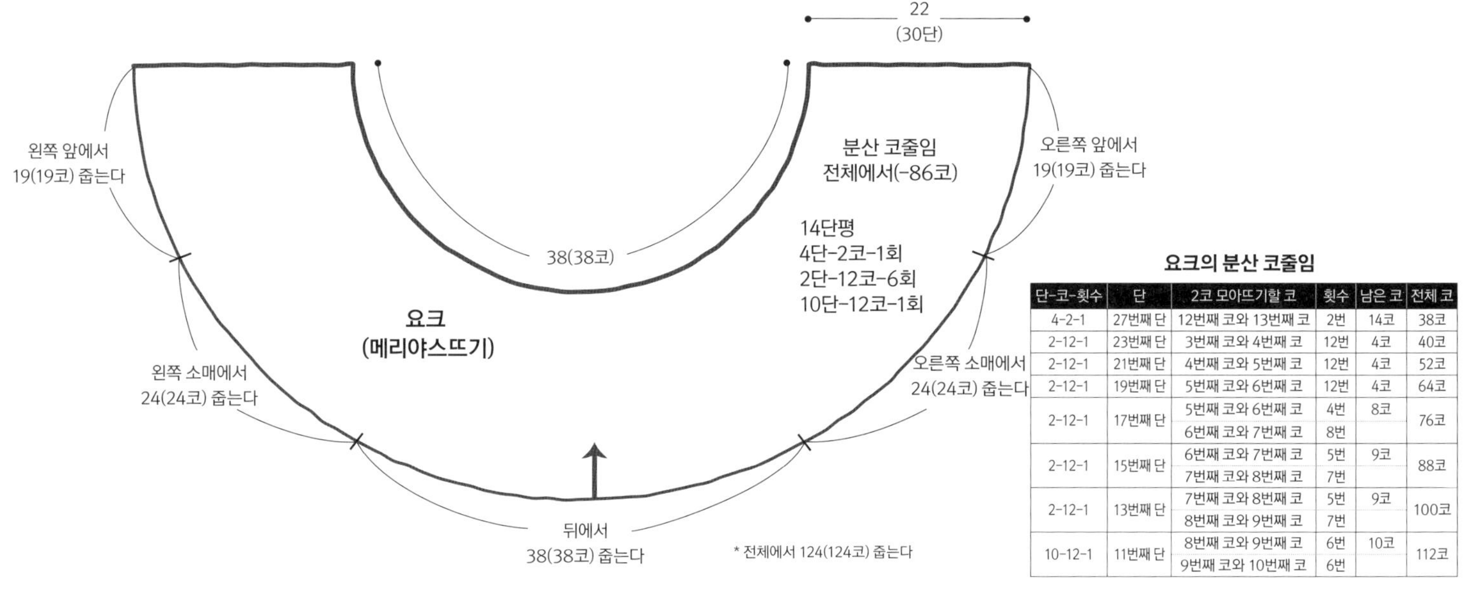

요크의 분산 코줄임

단-코-횟수	단	2코 모아뜨기할 코	횟수	남은 코	전체 코
4-2-1	27번째 단	12번째 코와 13번째 코	2번	14코	38코
2-12-1	23번째 단	3번째 코와 4번째 코	12번	4코	40코
2-12-1	21번째 단	4번째 코와 5번째 코	12번	4코	52코
2-12-1	19번째 단	5번째 코와 6번째 코	12번	4코	64코
2-12-1	17번째 단	5번째 코와 6번째 코	4번	8코	76코
		6번째 코와 7번째 코	8번		
2-12-1	15번째 단	6번째 코와 7번째 코	5번	9코	88코
		7번째 코와 8번째 코	7번		
2-12-1	13번째 단	7번째 코와 8번째 코	5번	9코	100코
		8번째 코와 9번째 코	7번		
10-12-1	11번째 단	8번째 코와 9번째 코	6번	10코	112코
		9번째 코와 10번째 코	6번		

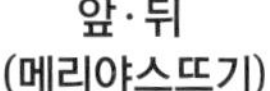

앞·뒤
(메리야스뜨기)

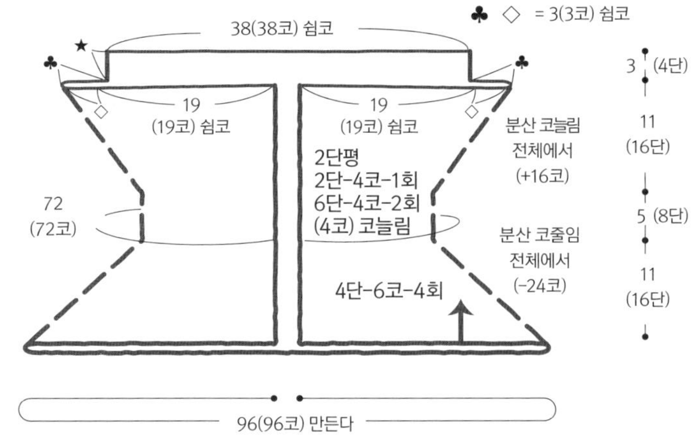

앞·뒤 분산 코늘림

단-코-횟수	단	코늘림할 코	횟수	남은 코	전체 코
2-4-1	15번째 단	17번째 코	4번	16코	88코
6-4-1	13번째 단	16번째 코	4번	16코	84코
6-4-1	7번째 단	15번째 코	4번	16코	80코
0-4-1	1번째 단	14번째 코	4번	16코	76코

앞·뒤의 분산 코줄임

단-코-횟수	단	2코 모아뜨기할 코	횟수	남은 코	전체 코
4-6-1	17번째 단	10번째 코와 11번째 코	6번	12코	72코
4-6-1	13번째 단	11번째 코와 12번째 코	6번	12코	78코
4-6-1	9번째 단	12번째 코와 13번째 코	6번	12코	84코
4-6-1	5번째 단	13번째 코와 14번째 코	6번	12코	90코

| 겉뜨기

1 오른쪽 바늘에 실을 걸고, 화살표와 같이 실을 당깁니다.

2 겉뜨기 완성.

오른쪽 소매

⊢ · ⊣ = 코늘림 위치

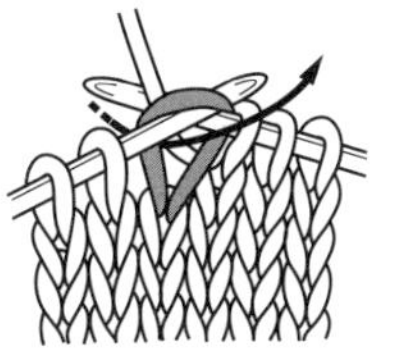

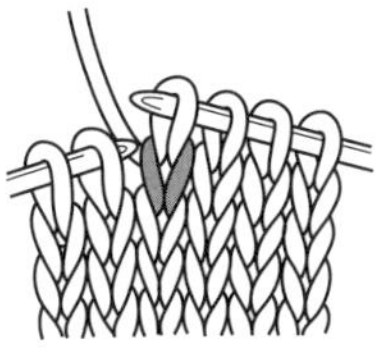

앞 · 뒤

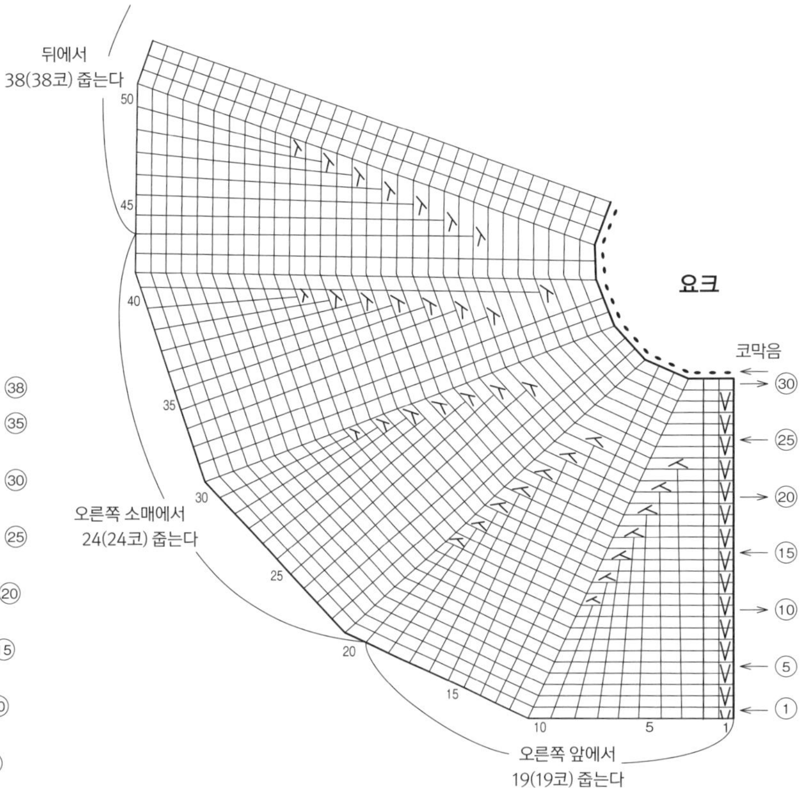

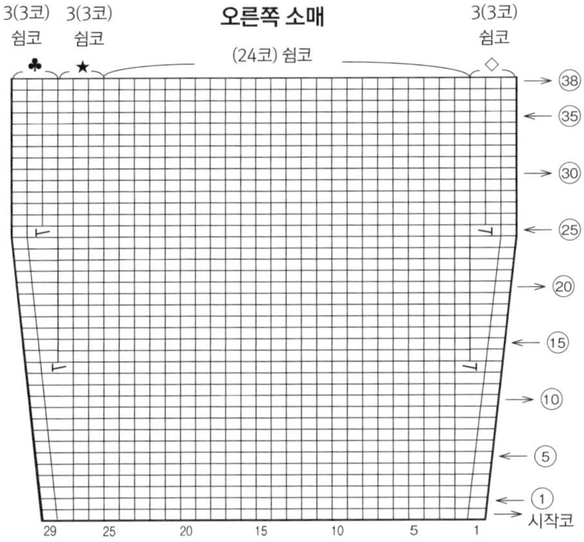

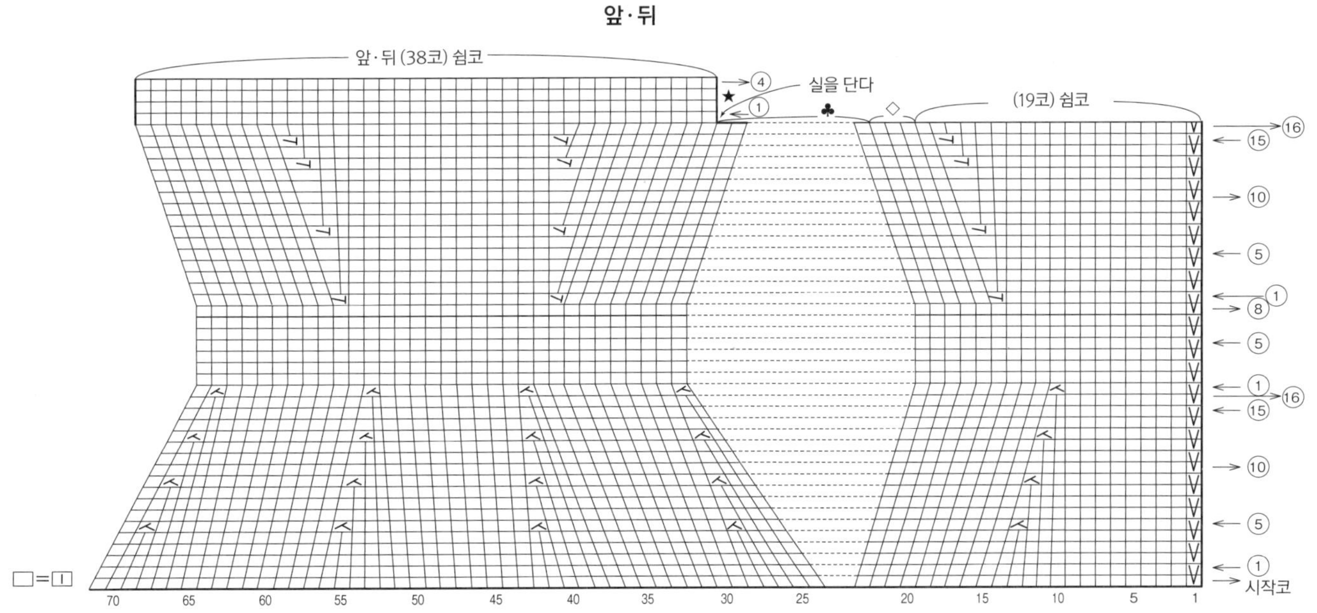

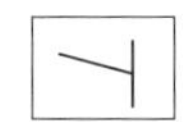

왼코 늘리기

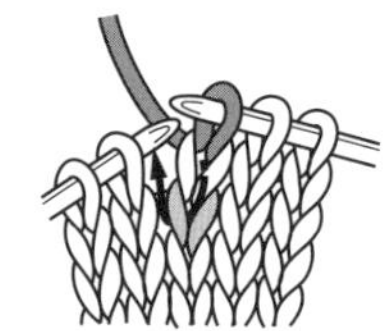

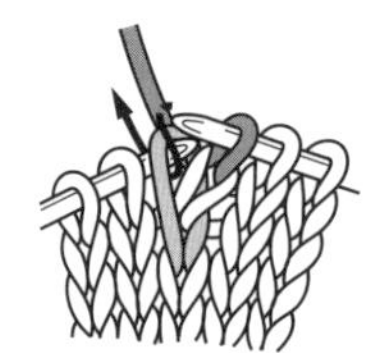

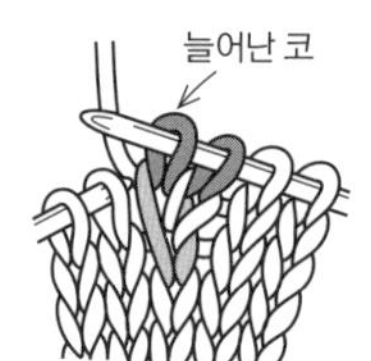

1 뜬 코의 1단 아래에 오른쪽 바늘을 넣습니다.

2 끌어 올린 코를 왼쪽 바늘로 옮기고, 겉뜨기를 합니다.

3 왼코 늘림 완성.

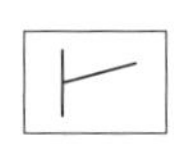

오른코 늘리기

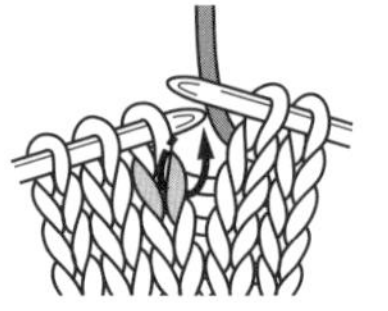

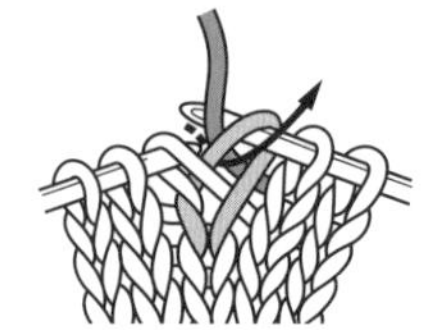

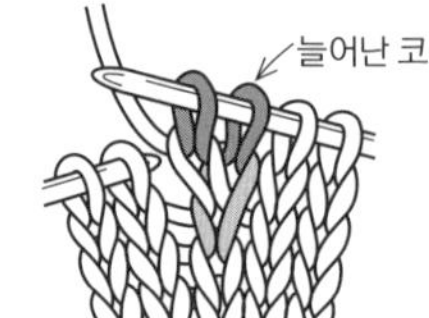

1 다음 코의 1단 아래에 오른쪽 바늘을 넣습니다.

2 끌어 올린 코로 겉뜨기를 합니다.

3 오른코 늘림 완성.

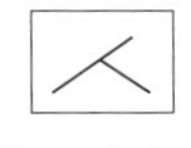

왼코 겹쳐 2코 모아뜨기

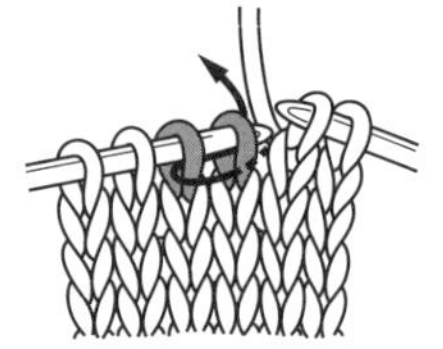

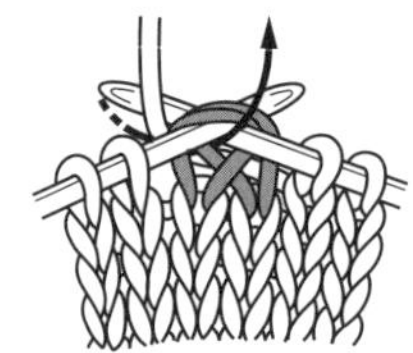

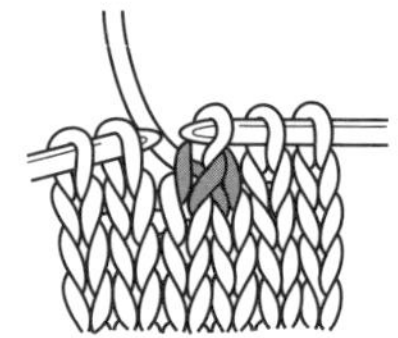

1 2코의 왼쪽에서 한꺼번에 오른쪽 바늘을 넣습니다.

2 오른쪽 바늘에 실을 걸어서 당기고, 2코를 같이 합니다.

3 왼쪽 바늘을 빼면, 2코 모아뜨기 완성.

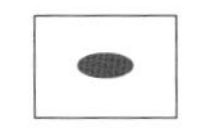

메리야스뜨기 코막음

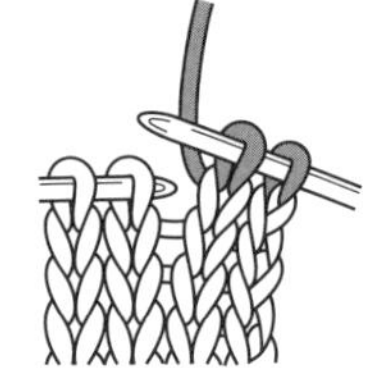

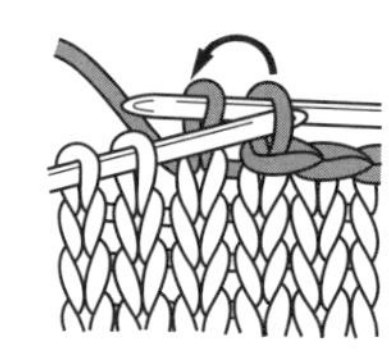

1 가장자리에서 2코를 겉뜨기로 뜹니다.

2 왼쪽 바늘을 넣어서 오른쪽 코를 덮어씌웁니다.

3 겉뜨기를 떠서 오른쪽 바늘의 코를 덮어씌웁니다.

4 마지막 코는 자른 실을 넣어서 단단히 조여줍니다.

■ 메리야스잇기(코와 코 잇기)

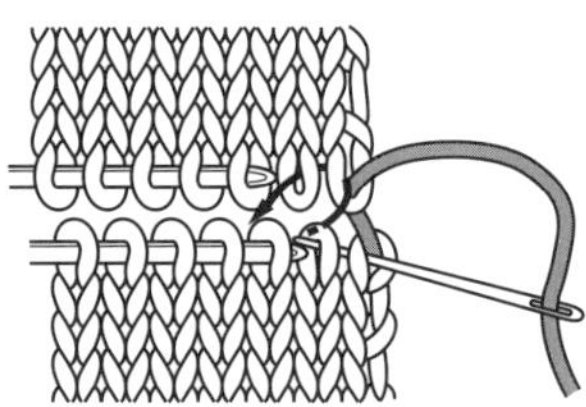

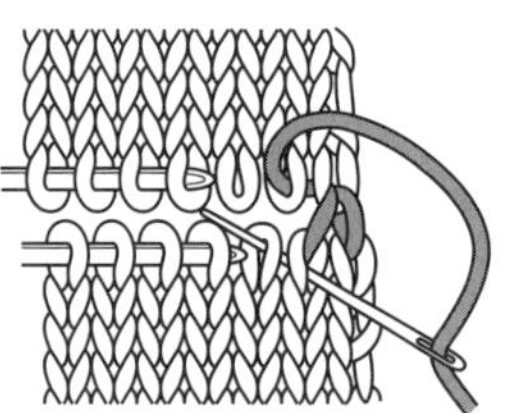

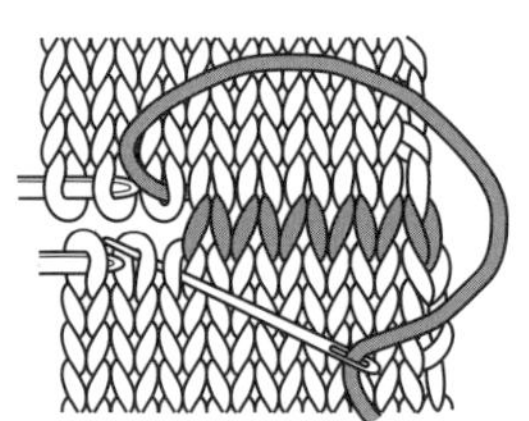

1 양쪽 모두 가장자리 1코에 안부터 통과시켜 앞쪽의 2코를 건집니다.

2 반대편 코를 건지고, 앞쪽의 2코를 건집니다.

3 바늘의 움직임은 항상 겉에서 넣고, 겉으로 꺼냅니다.

■ 메리야스잇기(코와 단 잇기)

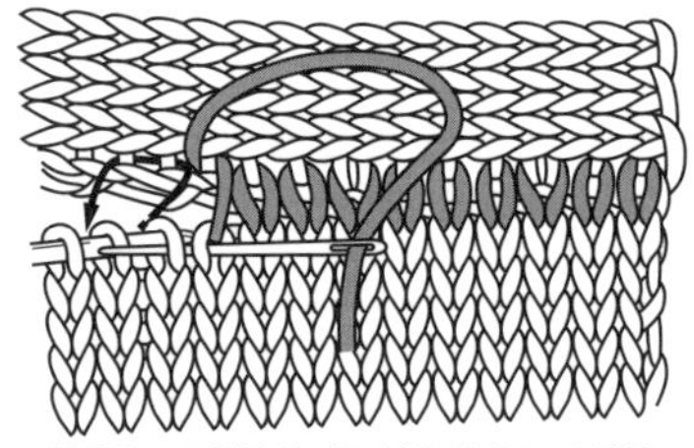

단 쪽은 1코 안쪽의 가로 실을 건지고, 코 쪽은 메리야스 잇기의 요령으로 잇습니다.

■ 메리야스 꿰매기 (단과 단 잇기)

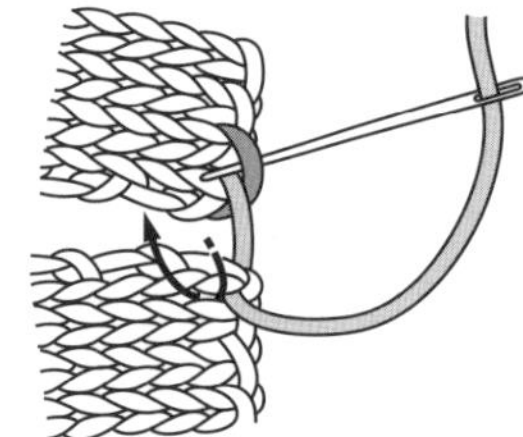

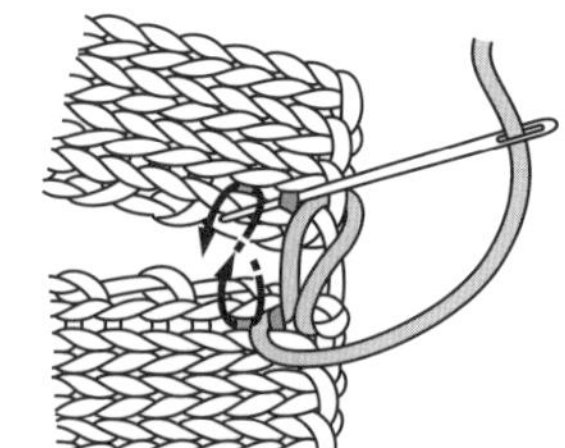

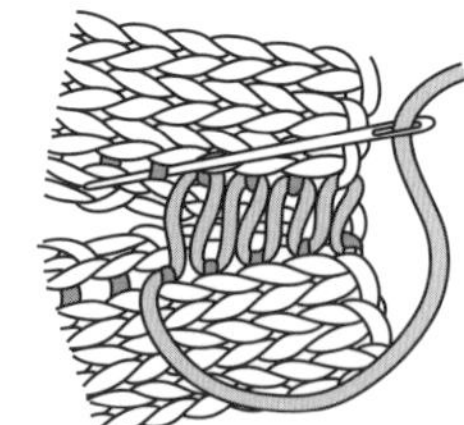

1 양쪽 모두 시작코의 실을 건집니다.

2 1코 안쪽의 걸쳐진 실을 1단씩 번갈아가며 건집니다.

3 꿰맨 실이 보이지 않도록 잡아당깁니다.

5 Waist Shape

- **재료**　에이브릴 우란 로열블루(94) 510g
- **도구**　줄바늘 점보 8mm(60cm)
- **사이즈**　가슴둘레 92cm, 길이 54cm
- **게이지**　메리야스뜨기 10코·14단 (10×10cm)
- **뜨개질 포인트**　전부 2줄로 뜹니다.

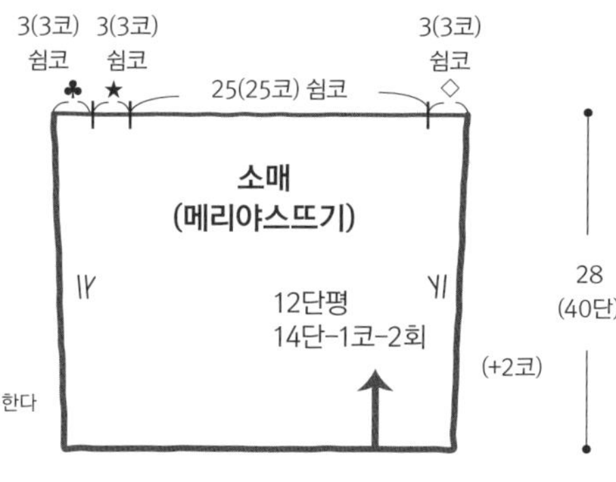

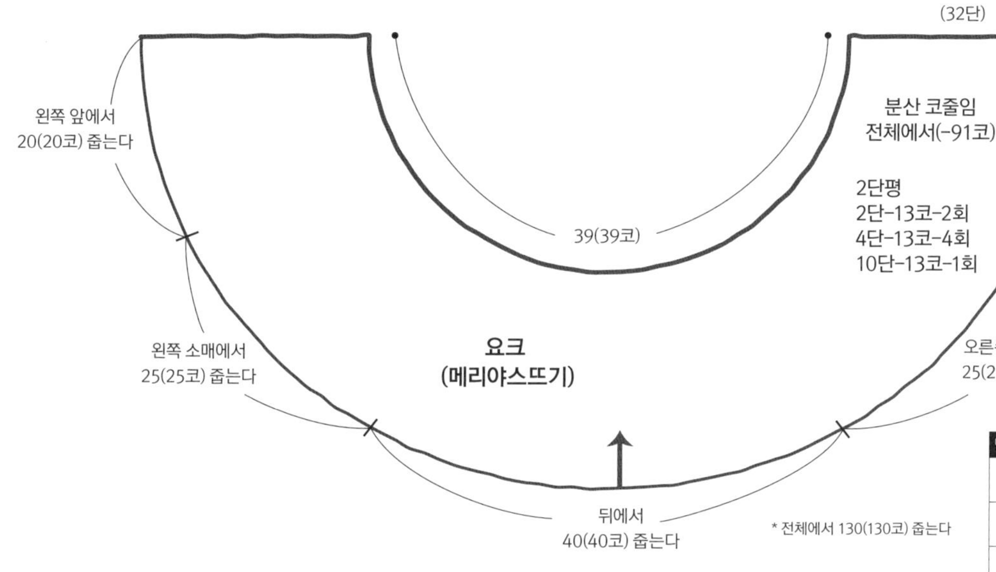

요크의 분산 코줄임

단-코-횟수	단	2코 모아뜨기할 코	횟수	남은 코	전체 코
2-13-1	31번째 단	2번째 코와 3번째 코	6번	6코	39코
		3번째 코와 4번째 코	7번		
2-13-1	29번째 단	3번째 코와 4번째 코	7번	7코	52코
		4번째 코와 5번째 코	6번		
4-13-1	27번째 단	4번째 코와 5번째 코	8번	8코	65코
		5번째 코와 6번째 코	5번		
4-13-1	23번째 단	5번째 코와 6번째 코	8번	8코	78코
		6번째 코와 7번째 코	5번		
4-13-1	19번째 단	6번째 코와 7번째 코	13번	13코	91코
4-13-1	15번째 단	7번째 코와 8번째 코	13번	13코	104코
10-13-1	11번째 단	8번째 코와 9번째 코	13번	13코	117코

앞·뒤
(메리야스뜨기)

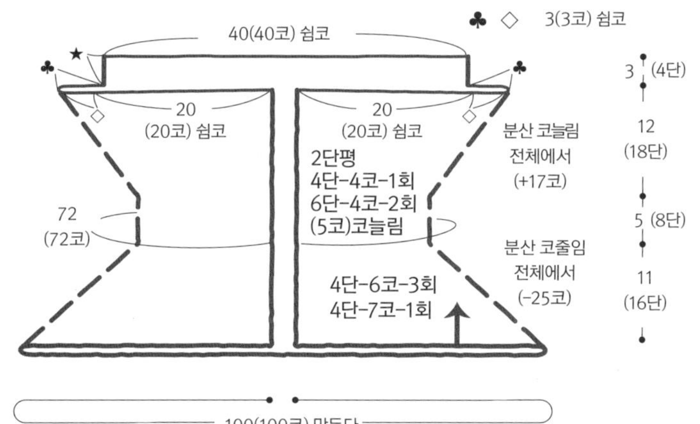

앞·뒤의 분산 코늘림

단-코-횟수	단	코늘림할 코	횟수	남은 코	전체 코
4-4-1	17번째 단	18번째 코	4번	16코	92코
6-4-1	13번째 단	17번째 코	4번	16코	88코
6-4-1	7번째 단	16번째 코	4번	16코	84코
0-5-1	1번째 단	13번째 코	5번	10코	80코

앞·뒤의 분산 코줄임

단-코-횟수	단	2코 모아뜨기할 코	횟수	남은 코	전체 코
4-6-1	17번째 단	10번째 코와 11번째 코	6번	15코	75코
4-6-1	13번째 단	11번째 코와 12번째 코	6번	15코	81코
4-6-1	9번째 단	12번째 코와 13번째 코	6번	15코	87코
4-7-1	5번째 단	11번째 코와 12번째 코	7번	16코	93코

Waste Shape

- ■ **재료** 에이브릴 우란 450g
- ■ **도구** 줄바늘 점보 8mm(60cm)
- ■ **사이즈** 가슴둘레 84cm, 길이 50cm
- ■ **게이지** 메리야스뜨기 10코·14단 (10×10cm)
- ■ **뜨개질 포인트** 전부 2줄로 뜹니다.

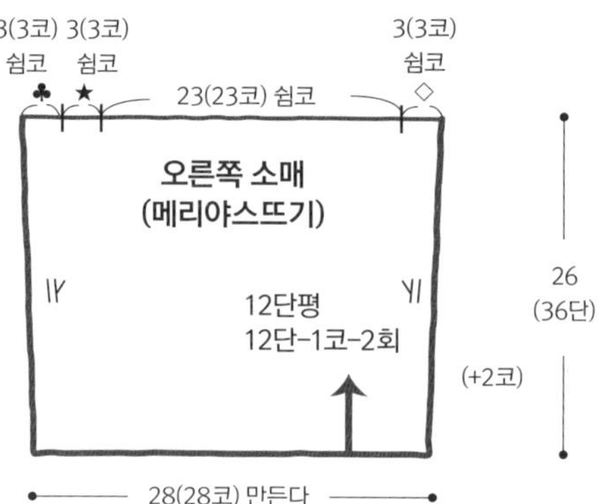

* 왼쪽 소매는 쉼코를 좌우대칭으로 한다
* 시작코는 단수에 넣지 않는다

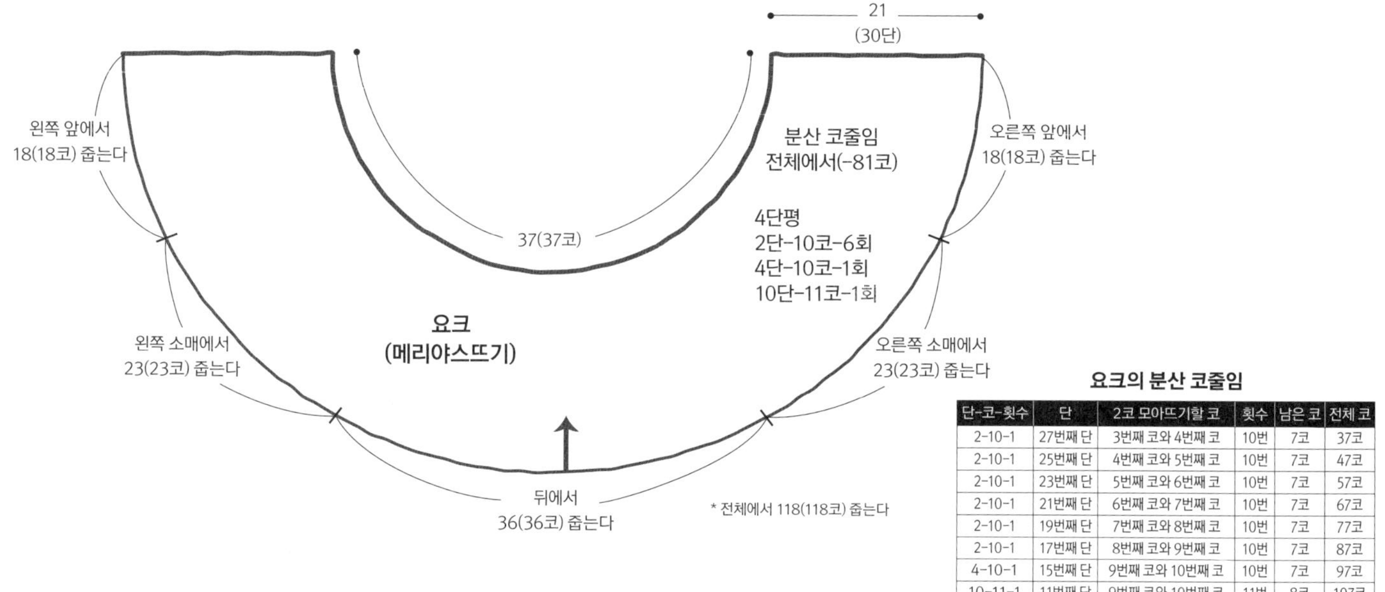

요크의 분산 코줄임

단-코-횟수	단	2코 모아뜨기할 코	횟수	남은 코	전체 코
2-10-1	27번째 단	3번째 코와 4번째 코	10번	7코	37코
2-10-1	25번째 단	4번째 코와 5번째 코	10번	7코	47코
2-10-1	23번째 단	5번째 코와 6번째 코	10번	7코	57코
2-10-1	21번째 단	6번째 코와 7번째 코	10번	7코	67코
2-10-1	19번째 단	7번째 코와 8번째 코	10번	7코	77코
2-10-1	17번째 단	8번째 코와 9번째 코	10번	7코	87코
4-10-1	15번째 단	9번째 코와 10번째 코	10번	7코	97코
10-11-1	11번째 단	9번째 코와 10번째 코	11번	8코	107코

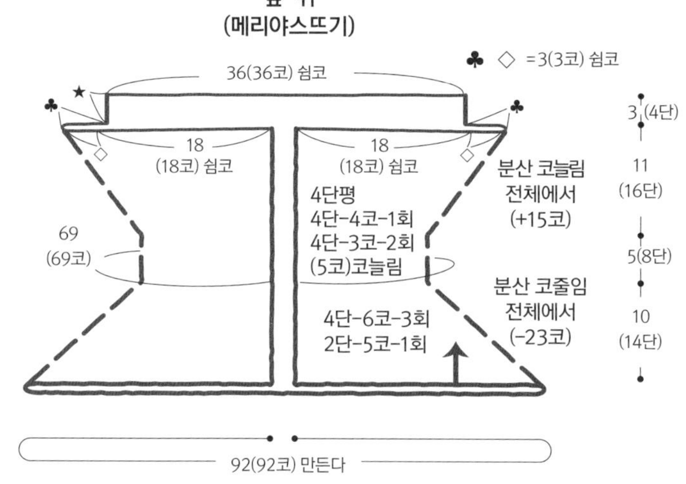

앞·뒤의 분산 코늘림

단-코-횟수	단	코늘림할 코	횟수	남은 코	전체 코
4-4-1	13번째 단	16번째 코	4번	16코	84코
4-3-1	9번째 단	20번째 코	3번	17코	80코
4-3-1	5번째 단	19번째 코	3번	17코	77코
0-5-1	1번째 단	12번째 코	5번	9코	74코

앞·뒤의 분산 코줄임

단-코-횟수	단	2코 모아뜨기할 코	횟수	남은 코	전체 코
4-6-1	15번째 단	9번째 코와 10번째 코	6번	15코	69코
4-6-1	11번째 단	10번째 코와 11번째 코	6번	15코	75코
4-6-1	7번째 단	11번째 코와 12번째 코	6번	15코	81코
2-5-1	3번째 단	14번째 코와 15번째 코	5번	17코	87코

A line

size_ M

■ **재료** 에이브릴 우란 570g

■ **도구** 줄바늘 점보 8mm(60cm)

■ **사이즈** 가슴둘레 88cm, 길이 52cm

■ **게이지** 메리야스뜨기 10코·14단 (10×10cm)

■ **뜨개질 포인트** 전부 2줄로 뜹니다.

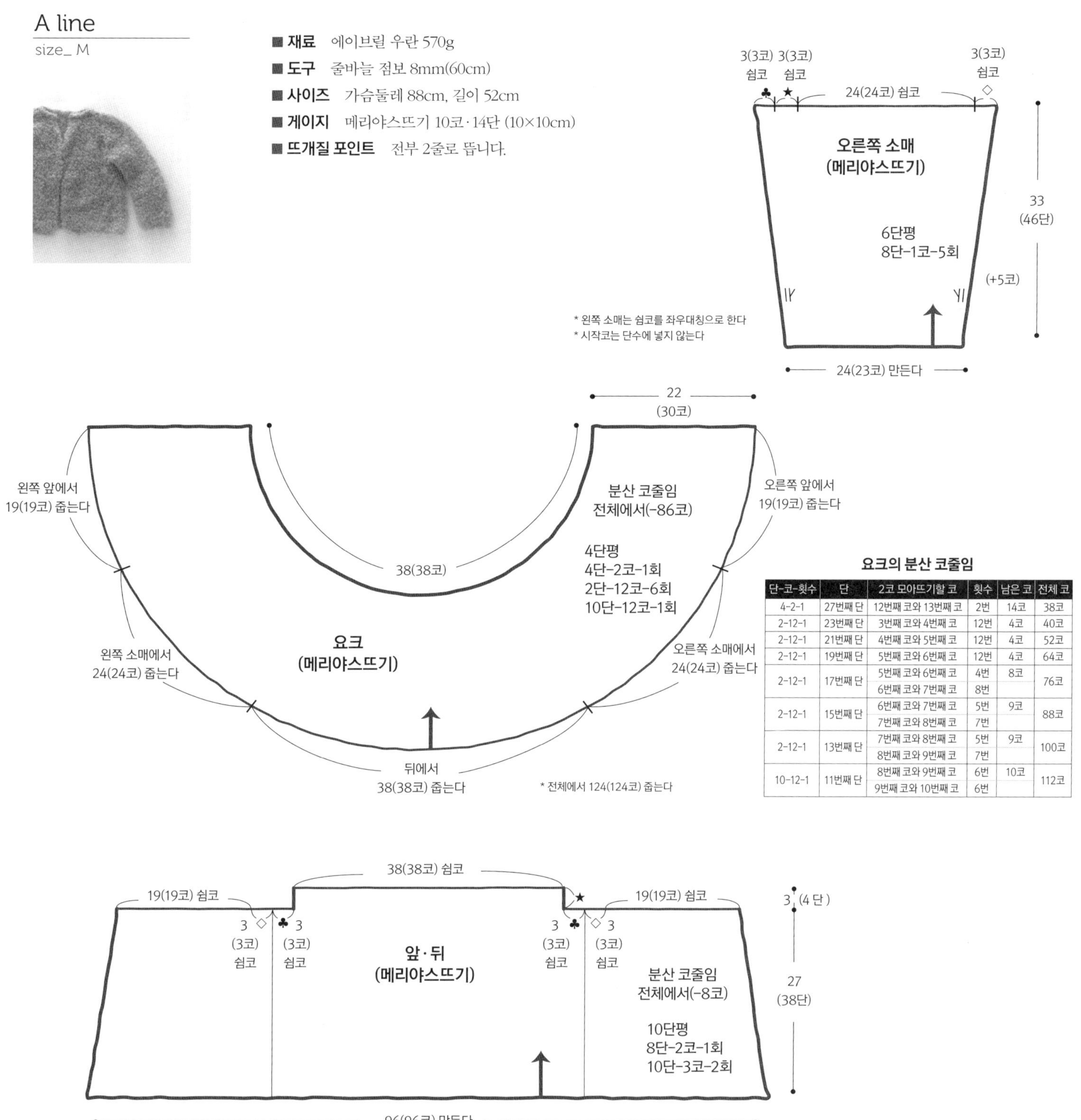

요크의 분산 코줄임

단-코-횟수	단	2코 모아뜨기할 코	횟수	남은 코	전체 코
4-2-1	27번째 단	12번째 코와 13번째 코	2번	14코	38코
2-12-1	23번째 단	3번째 코와 4번째 코	12번	4코	40코
2-12-1	21번째 단	4번째 코와 5번째 코	12번	4코	52코
2-12-1	19번째 단	5번째 코와 6번째 코	12번	4코	64코
2-12-1	17번째 단	5번째 코와 6번째 코	4번	8코	76코
		6번째 코와 7번째 코	8번		
2-12-1	15번째 단	6번째 코와 7번째 코	5번	9코	88코
		7번째 코와 8번째 코	7번		
2-12-1	13번째 단	7번째 코와 8번째 코	5번	9코	100코
		8번째 코와 9번째 코	7번		
10-12-1	11번째 단	8번째 코와 9번째 코	6번	10코	112코
		9번째 코와 10번째 코	6번		

앞·뒤의 분산 코줄임

단-코-횟수	단	2코 모아뜨기할 코	횟수	남은 코	전체 코
8-2-1	29번째 단	29번째 코와 30번째 코	2번	30코	88코
10-3-1	21번째 단	22번째 코와 23번째 코	3번	24코	90코
10-3-1	11번째 단	23번째 코와 24번째 코	3번	24코	93코

A line

size_ L

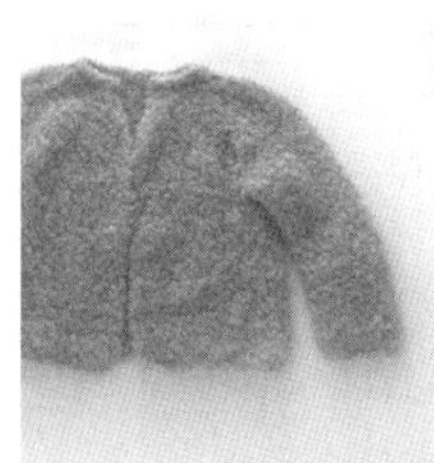

■ **재료** 에이브릴 우란 610g

■ **도구** 줄바늘 점보 8mm(60cm)

■ **사이즈** 가슴둘레 92cm, 길이 54cm

■ **게이지** 메리야스뜨기 10코·14단 (10×10cm)

■ **뜨개질 포인트** 전부 2줄로 뜹니다.

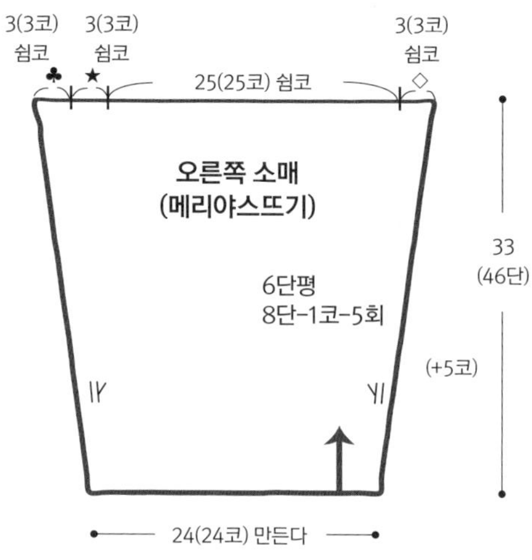

요크의 분산 코줄임

단-코-횟수	단	2코 모아뜨기할 코	횟수	남은 코	전체 코
2-13-1	31번째 단	2번째 코와 3번째 코	6번	6코	39코
		3번째 코와 4번째 코	7번		
2-13-1	29번째 단	3번째 코와 4번째 코	7번	7코	52코
		4번째 코와 5번째 코	6번		
4-13-1	27번째 단	4번째 코와 5번째 코	8번	8코	65코
		5번째 코와 6번째 코	5번		
4-13-1	23번째 단	5번째 코와 6번째 코	8번	8코	78코
		6번째 코와 7번째 코	5번		
4-13-1	19번째 단	6번째 코와 7번째 코	13번	13코	91코
4-13-1	15번째 단	7번째 코와 8번째 코	13번	13코	104코
10-13-1	11번째 단	8번째 코와 9번째 코	13번	13코	117코

* 왼쪽 소매는 쉼코를 좌우대칭으로 한다

* 시작코는 단수에 넣지 않는다

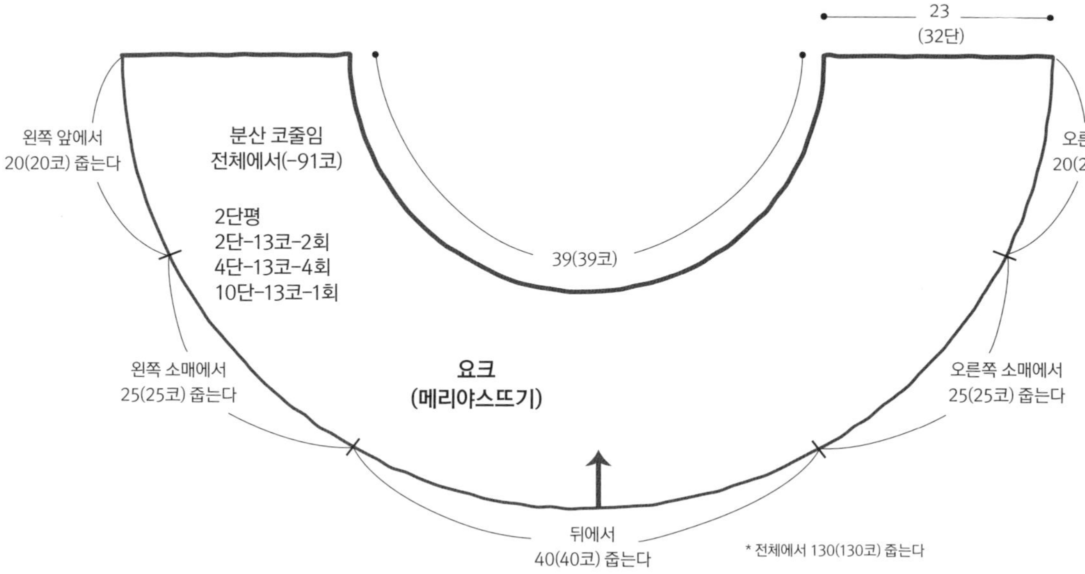

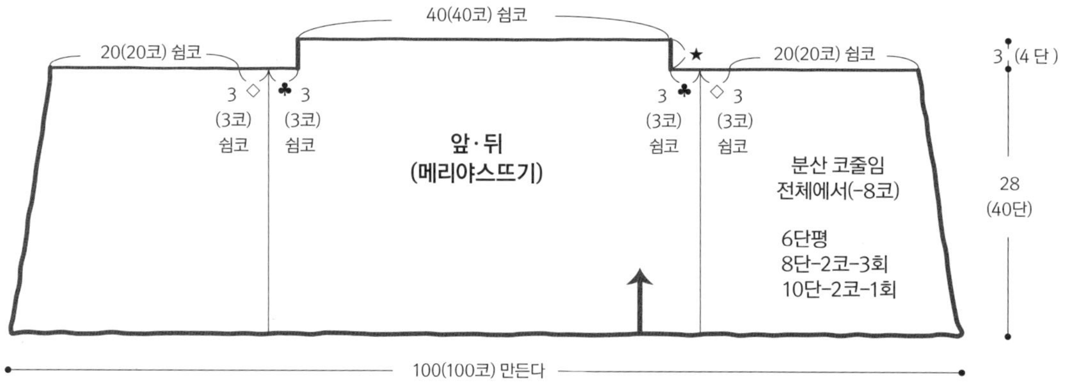

앞·뒤의 분산 코줄임

단-코-횟수	단	2코 모아뜨기할 코	횟수	남은 코	전체 코
8-2-1	35번째 단	30번째 코와 31번째 코	2번	32코	92코
8-2-1	27번째 단	31번째 코와 32번째 코	2번	32코	94코
8-2-1	19번째 단	31번째 코와 32번째 코	2번	34코	96코
10-2-1	11번째 단	32번째 코와 33번째 코	2번	34코	98코

3 A line

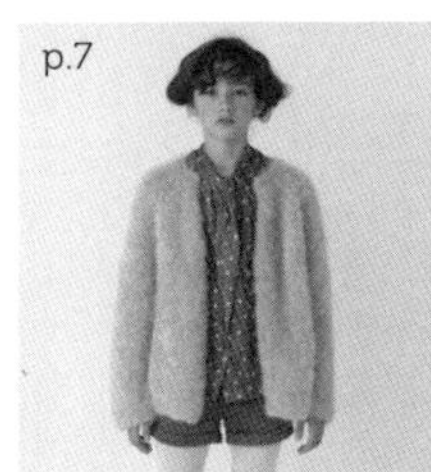

- **재료** 에이브릴 우란 아이스그레이(02) 520g
- **도구** 줄바늘 점보 8mm(60cm)
- **사이즈** 가슴둘레 84cm, 길이 50cm
- **게이지** 메리야스뜨기 10코·14단 (10×10cm)
- **뜨개질 포인트** 전부 2줄로 뜹니다.

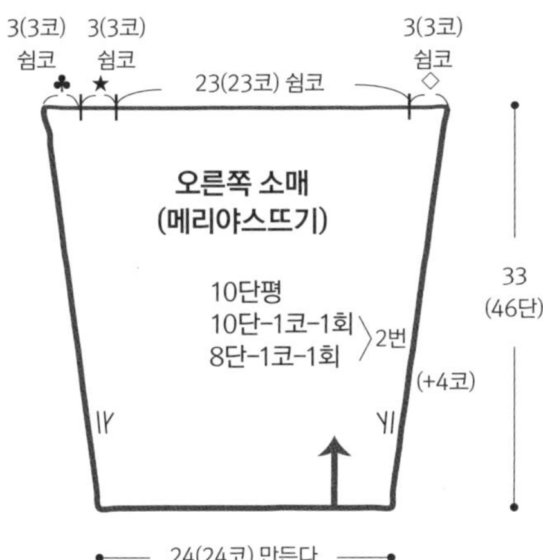

* 왼쪽 소매는 쉼코를 좌우대칭으로 한다

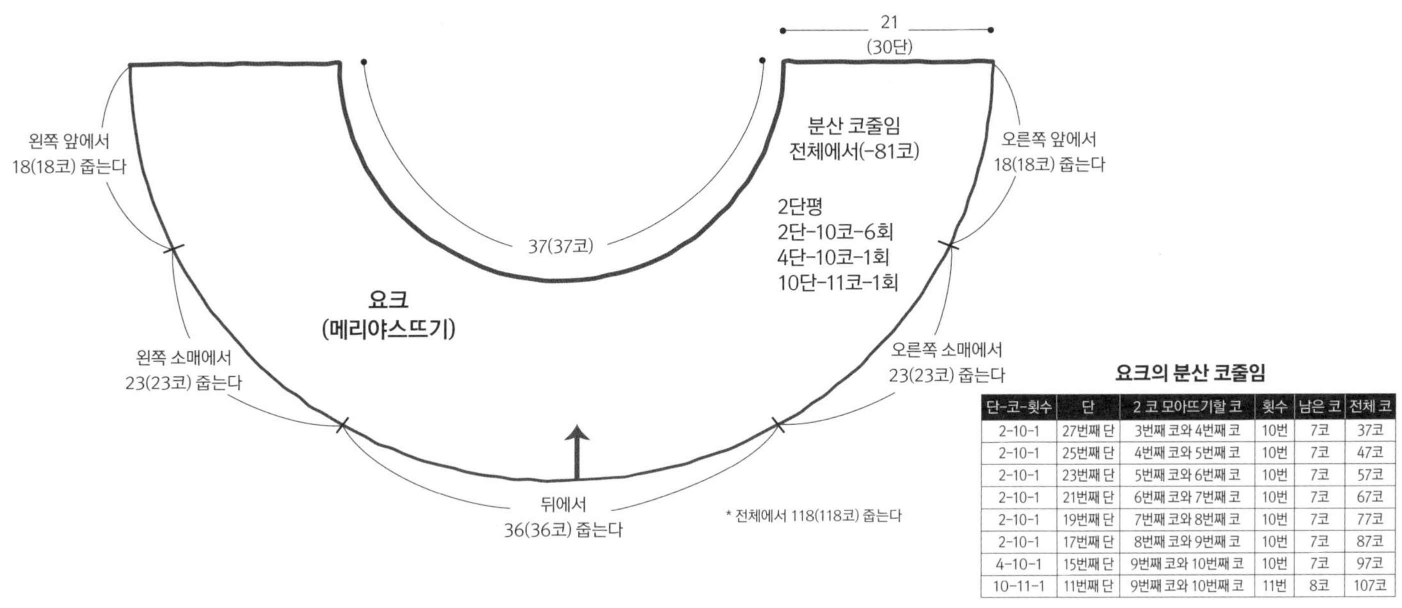

요크의 분산 코줄임

단-코-횟수	단	2 코 모아뜨기할 코	횟수	남은 코	전체 코
2-10-1	27번째 단	3번째 코와 4번째 코	10번	7코	37코
2-10-1	25번째 단	4번째 코와 5번째 코	10번	7코	47코
2-10-1	23번째 단	5번째 코와 6번째 코	10번	7코	57코
2-10-1	21번째 단	6번째 코와 7번째 코	10번	7코	67코
2-10-1	19번째 단	7번째 코와 8번째 코	10번	7코	77코
2-10-1	17번째 단	8번째 코와 9번째 코	10번	7코	87코
4-10-1	15번째 단	9번째 코와 10번째 코	10번	7코	97코
10-11-1	11번째 단	9번째 코와 10번째 코	11번	8코	107코

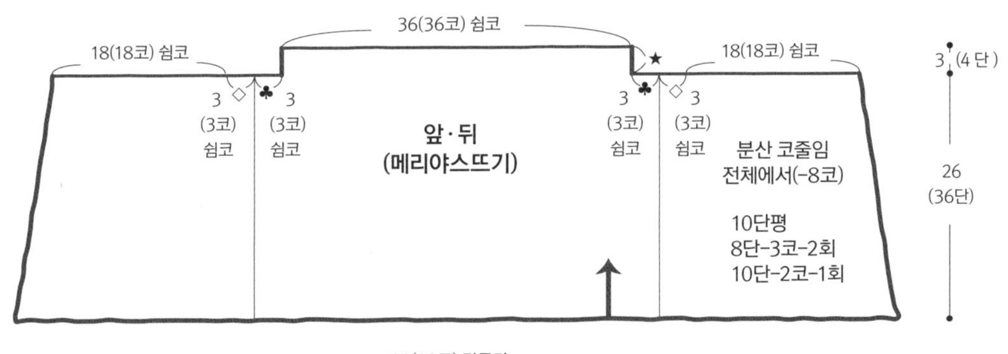

* 시작코는 단수에 넣지 않는다

앞·뒤의 분산 코줄임

단-코-횟수	단	2코 모아뜨기할 코	횟수	남은 코	전체 코
8-3-1	27번째 단	21번째 코와 22번째 코	3번	21코	84코
8-3-1	19번째 단	22번째 코와 23번째 코	3번	21코	87코
10-2-1	11번째 단	30번째 코와 31번째 코	2번	30코	90코

9 Boléro

size_ M

p.15

- **재료** 에이브릴 우란 올리브(24) 390g
- **도구** 줄바늘 점보 8mm(60cm)
- **사이즈** 가슴둘레 88cm, 길이 48cm
- **게이지** 메리야스뜨기 10코·14단 (10×10cm)
- **뜨개질 포인트** 전부 2줄로 뜹니다.

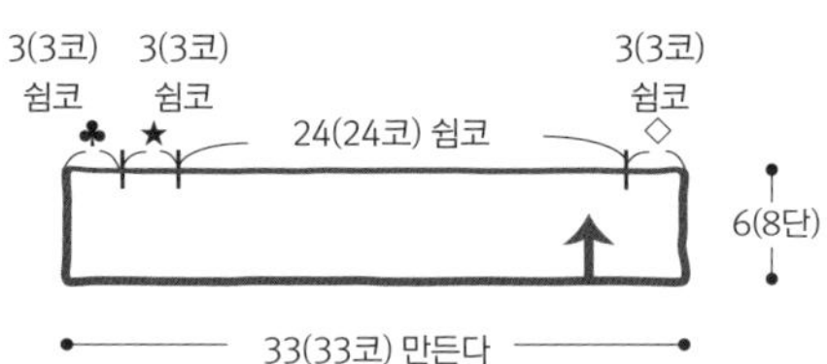

* 왼쪽 소매는 쉼코를 좌우대칭으로 한다
* 시작코는 단수에 넣지 않는다

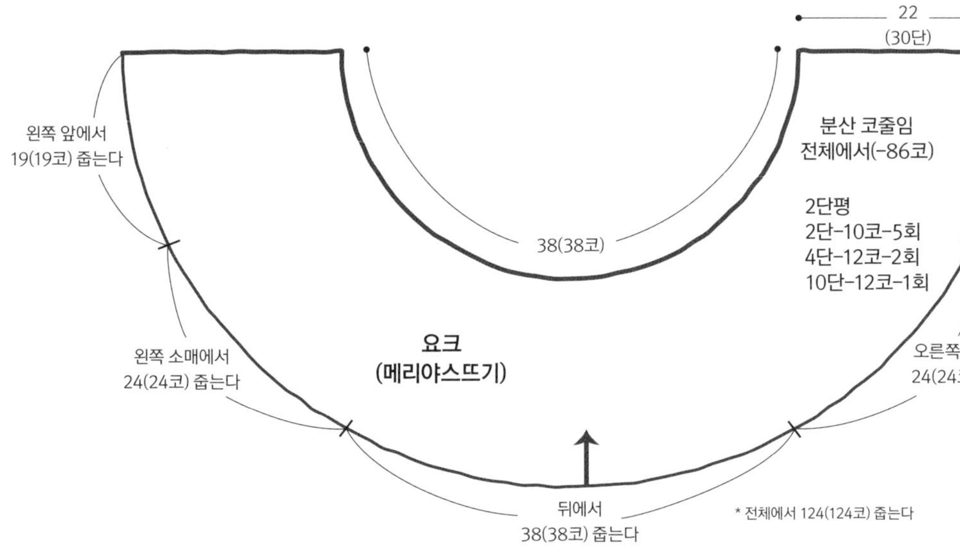

요크의 분산 코줄임

단-코-횟수	단	2코 모아뜨기할 코	횟수	남은 코	전체 코
2-10-1	29번째 단	3번째 코와 4번째 코	9번	6코	38코
		5번째 코와 6번째 코	1번		
2-10-1	27번째 단	4번째 코와 5번째 코	9번	7코	48코
		5번째 코와 6번째 코	1번		
2-10-1	25번째 단	5번째 코와 6번째 코	10번	8코	58코
2-10-1	23번째 단	6번째 코와 7번째 코	10번	8코	68코
2-10-1	21번째 단	7번째 코와 8번째 코	10번	8코	78코
4-12-1	19번째 단	6번째 코와 7번째 코	11번	12코	88코
		10번째 코와 11번째 코	1번		
4-12-1	15번째 단	7번째 코와 8번째 코	11번	12코	100코
		11번째 코와 12번째 코	1번		
10-12-1	11번째 단	8번째 코와 9번째 코	11번	12코	112코
		12번째 코와 13번째 코	1번		

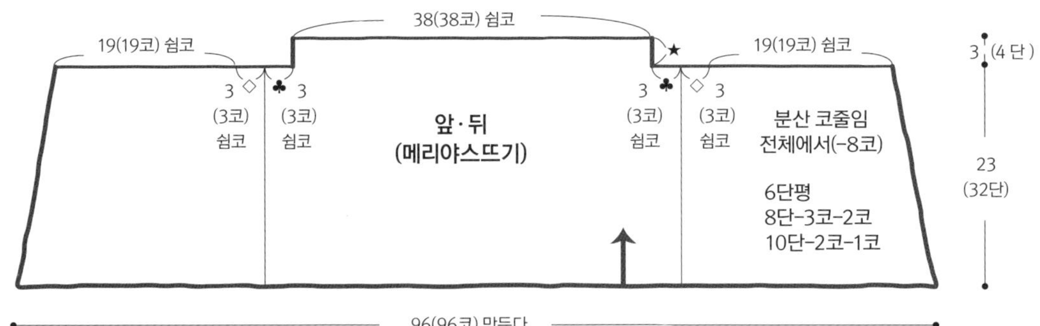

앞·뒤의 분산 코줄임

단-코-횟수	단	2코 모아뜨기할 코	횟수	남은 코	전체 코
8-3-1	27번째 단	22번째 코와 23번째 코	3번	22코	88코
8-3-1	19번째 단	23번째 코와 24번째 코	3번	22코	91코
10-2-1	11번째 단	31번째 코와 32번째 코	2번	32코	94코

Boléro

size_ L

- ■ **재료** 에이브릴 우란 420g
- ■ **도구** 줄바늘 점보 8mm(60cm)
- ■ **사이즈** 가슴둘레 92cm, 길이 50cm
- ■ **게이지** 메리야스뜨기 10코·14단 (10×10cm)
- ■ **뜨개질 포인트** 전부 2줄로 뜹니다.

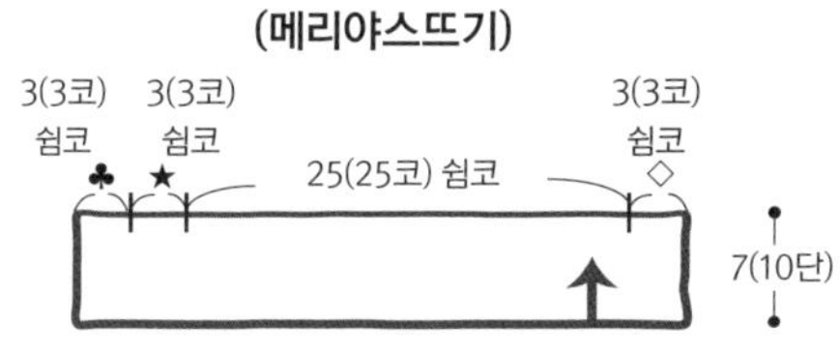

* 왼쪽 소매는 쉼코를 좌우대칭으로 한다
* 시작코는 단수에 넣지 않는다

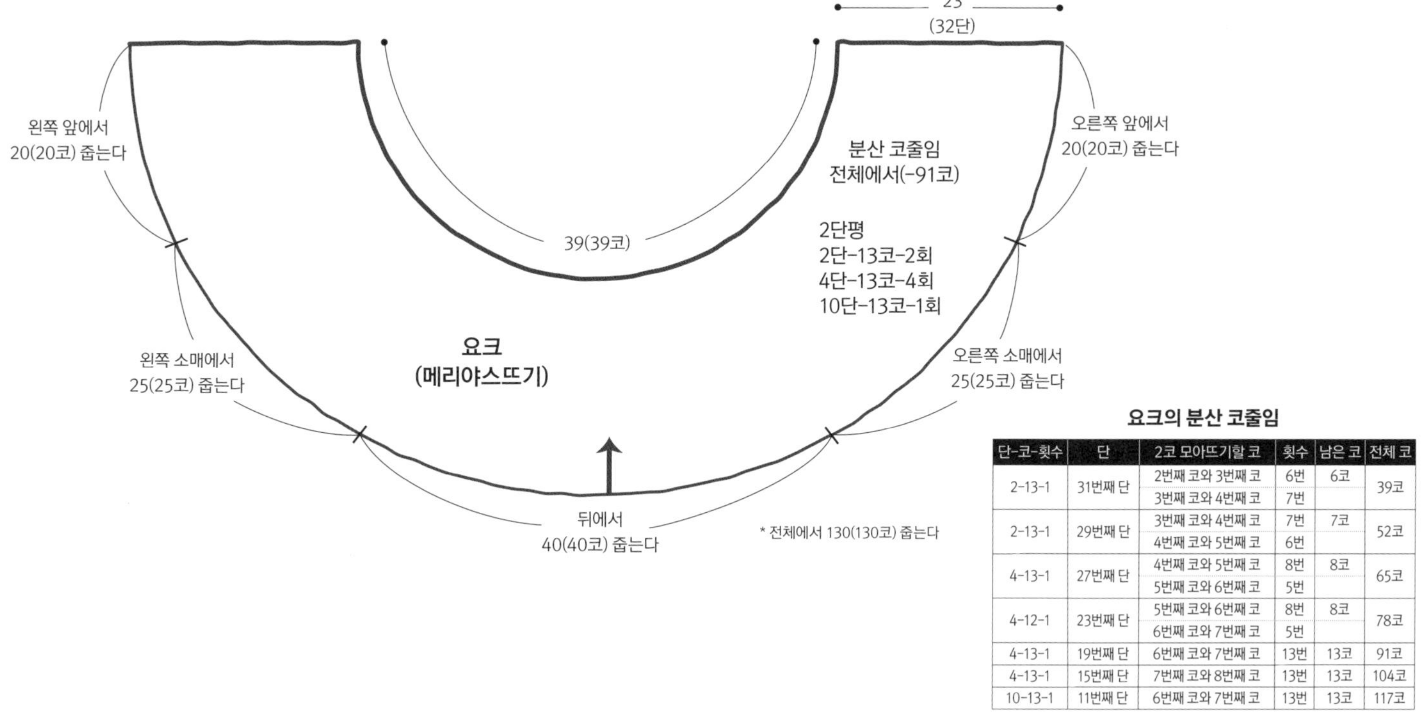

요크의 분산 코줄임

단-코-횟수	단	2코 모아뜨기할 코	횟수	남은 코	전체 코
2-13-1	31번째 단	2번째 코와 3번째 코	6번	6코	39코
		3번째 코와 4번째 코	7번		
2-13-1	29번째 단	3번째 코와 4번째 코	7번	7코	52코
		4번째 코와 5번째 코	6번		
4-13-1	27번째 단	4번째 코와 5번째 코	8번	8코	65코
		5번째 코와 6번째 코	5번		
4-12-1	23번째 단	5번째 코와 6번째 코	8번	8코	78코
		6번째 코와 7번째 코	5번		
4-13-1	19번째 단	6번째 코와 7번째 코	13번	13코	91코
4-13-1	15번째 단	7번째 코와 8번째 코	13번	13코	104코
10-13-1	11번째 단	6번째 코와 7번째 코	13번	13코	117코

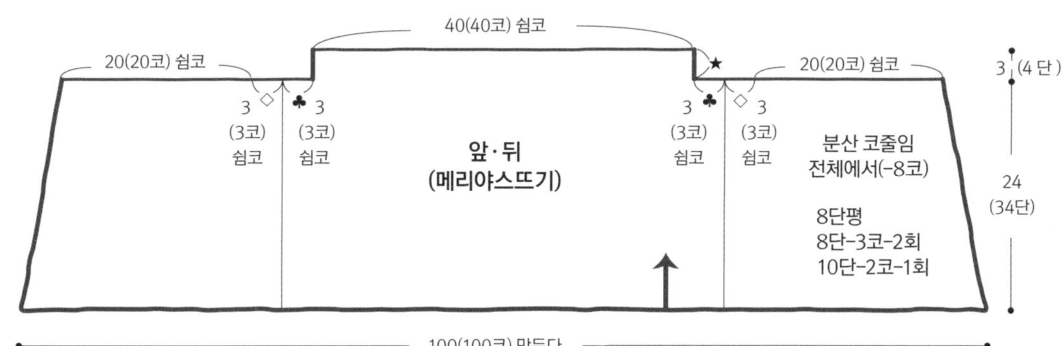

앞·뒤의 분산 코줄임

단-코-횟수	단	2코 모아뜨기할 코	횟수	남은 코	전체 코
8-3-1	27번째 단	23번째 코와 24번째 코	3번	23코	92코
8-3-1	19번째 단	24번째 코와 25번째 코	3번	23코	95코
10-2-1	11번째 단	33번째 코와 34번째 코	2번	32코	98코

Boléro

size_S

- ■ **재료**　에이브릴 우란 360g
- ■ **도구**　줄바늘 점보 8mm(60cm)
- ■ **사이즈**　가슴둘레 84cm, 길이 46cm
- ■ **게이지**　메리야스뜨기 10코·14단 (10×10cm)
- ■ **뜨개질 포인트**　전부 2줄로 뜹니다.

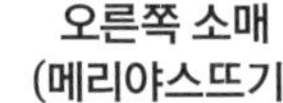
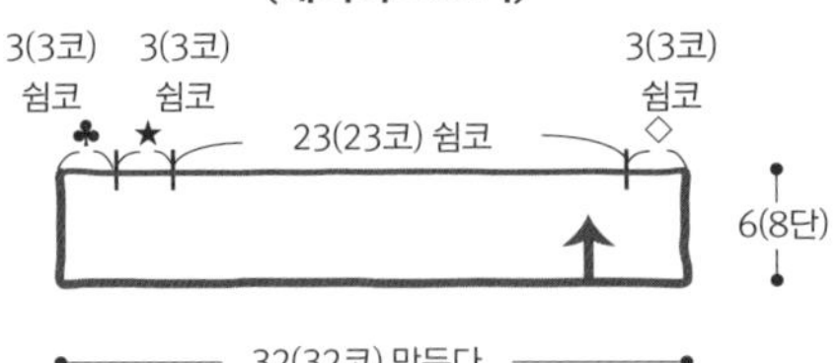

* 왼쪽 소매는 쉼코를 좌우대칭으로 한다
* 시작코는 단수에 넣지 않는다

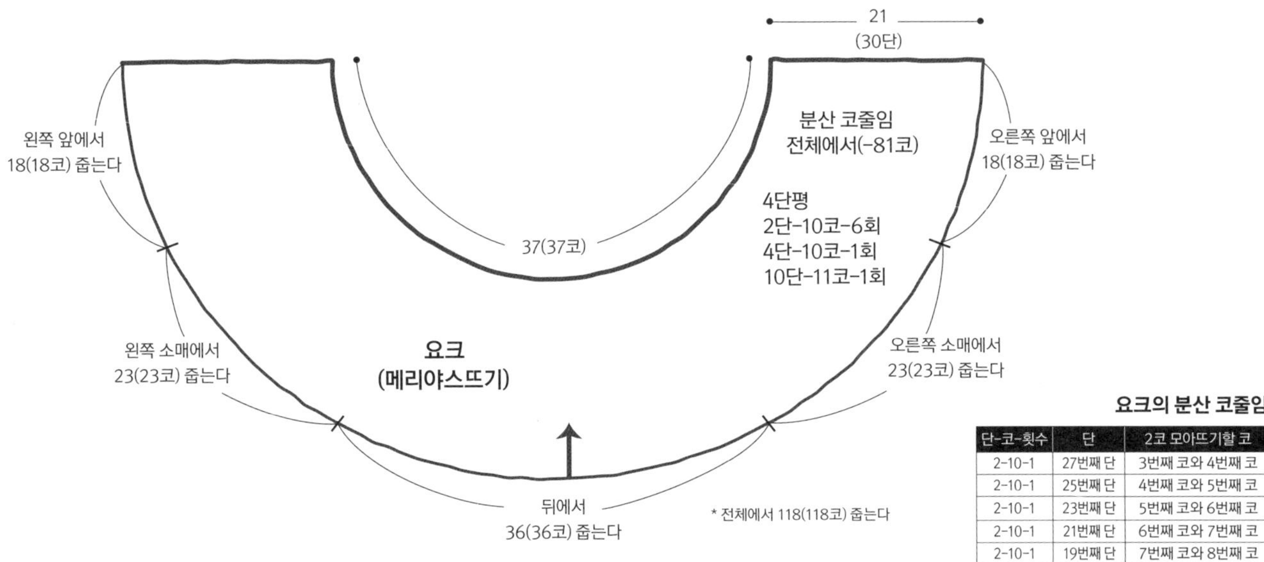

요크의 분산 코줄임

단-코-횟수	단	2코 모아뜨기할 코	횟수	남은 코	전체 코
2-10-1	27번째 단	3번째 코와 4번째 코	10번	7코	37코
2-10-1	25번째 단	4번째 코와 5번째 코	10번	7코	47코
2-10-1	23번째 단	5번째 코와 6번째 코	10번	7코	57코
2-10-1	21번째 단	6번째 코와 7번째 코	10번	7코	67코
2-10-1	19번째 단	7번째 코와 8번째 코	10번	7코	77코
2-10-1	17번째 단	8번째 코와 9번째 코	10번	7코	87코
4-10-1	15번째 단	9번째 코와 10번째 코	10번	7코	97코
10-11-1	11번째 단	9번째 코와 10번째 코	11번	8코	107코

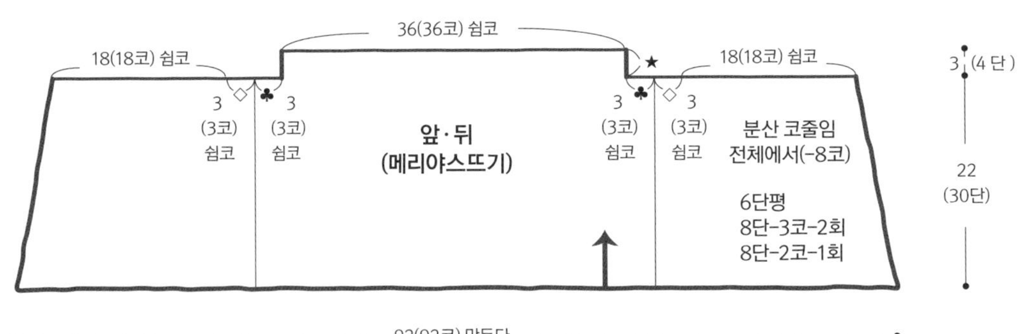

앞·뒤의 분산 코줄임

단-코-횟수	단	2코 모아뜨기할 코	횟수	남은 코	전체 코
8-3-1	25번째 단	20번째 코와 21번째 코	3번	24코	84코
8-3-1	17번째 단	22번째 코와 23번째 코	3번	21코	87코
8-2-1	9번째 단	30번째 코와 31번째 코	2번	30코	90코

24 Socks

p.29
a
b·c
d
e
f

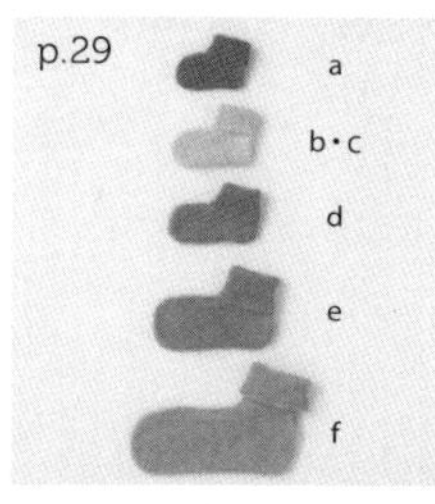

■ 재료 에이브릴 파스텔 a=체리(09) 17g, b=하양(00), c=라임(05) 각 20g, d=제비꽃(10) 25g, e=캔디그린(04) 40g, f=하늘색(02) 55g

■ 도구 대바늘 3호(지름 3mm, 4자루 1세트)

■ 발바닥 길이 a=8cm, b·c=9.5cm, d=11cm, e=14.5cm, f=18.5cm

■ 게이지 가터뜨기 30코·50단 (10×10cm), 1코 고무뜨기 32코·40단

■ 뜨개질 포인트 전부 2줄로 뜹니다. 신는 입구부터 1코 고무뜨기 시작코로 골선을 만들어서 뜨기 시작합니다. 도중에 지정된 위치에 실을 다시 달아서, 1코 고무뜨기, 가터뜨기를 이어서 뜹니다. 골선으로 뜬 실을 되돌려 지정된 코를 코줍기하고 둘레를 빙 가터뜨기합니다. 발가락과 발꿈치를 코줄임한 후 뜨기를 끝내면 빼뜨기 잇기로 마무리합니다.

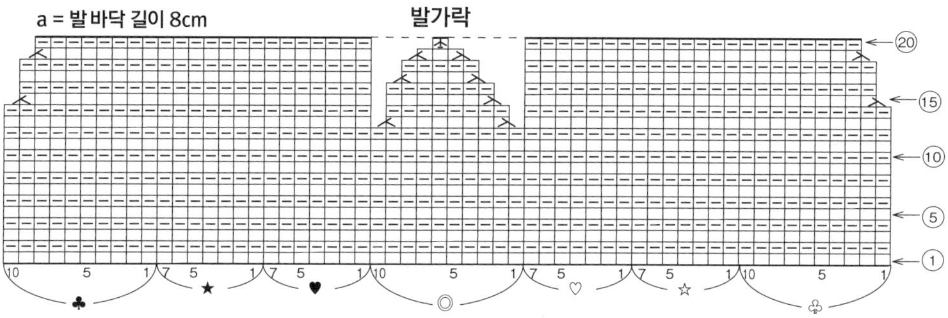

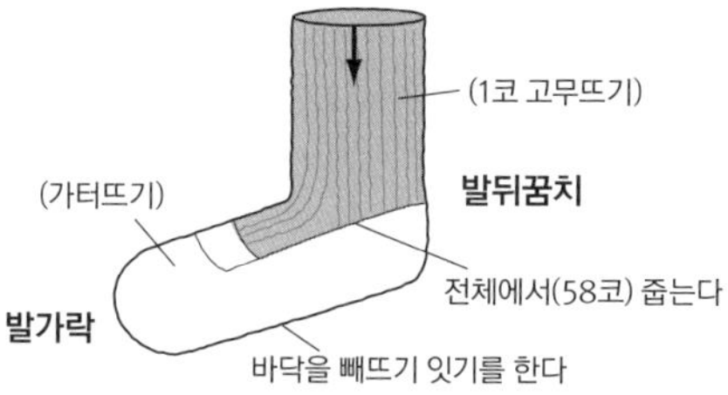

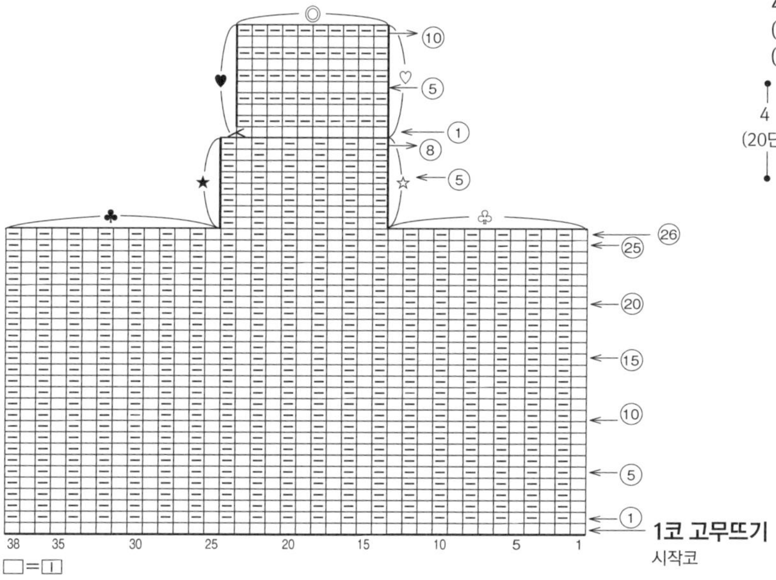

a = 발바닥 길이 8cm
발가락
20
15
10
5
1
10 5 1 7 5 1 7 5 1 10 5 1 7 5 1 7 5 1 10 5 1
♣
★
♥
◎
♡
☆
♧

(1코 고무뜨기)
(가터뜨기)
발뒤꿈치
발가락
전체에서(58코) 줍는다
바닥을 빼뜨기 잇기를 한다

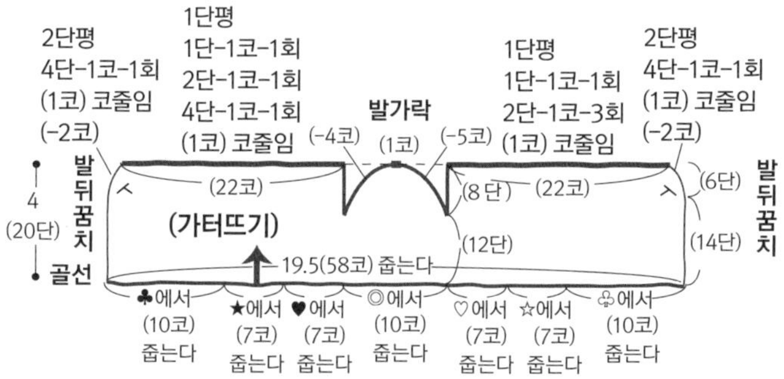

2단평
4단-1코-1회
(1코) 코줄임
(-2코)
1단평
1단-1코-1회
2단-1코-1회
4단-1코-1회
(1코) 코줄임
발가락
(-4코)
(1코)
(-5코)
1단평
1단-1코-1회
2단-1코-3회
(1코) 코줄임
2단평
4단-1코-1회
(1코) 코줄임
(-2코)
발뒤꿈치
4
(20단)
골선
(22코)
(가터뜨기)
(8단)
(22코)
(6단)
(12단)
(14단)
발뒤꿈치
19.5(58코) 줍는다
♣에서 (10코) 줍는다
★에서 (7코) 줍는다
♥에서 (7코) 줍는다
◎에서 (10코) 줍는다
♡에서 (7코) 줍는다
☆에서 (7코) 줍는다
♧에서 (10코) 줍는다

◎
♥
♡
10
5
1
★
☆
8
5
♣
♧
26
25
20
15
10
5
1
38 35 30 25 20 15 10 5 1
□=|

1코 고무뜨기
시작코

(가터뜨기)
◎
♥
(10코)
♡
2 (10단)
★
☆
2 (8단)
♣
♧
4
3.5
4
(14코) 쉼코
(11코)
(13코) 쉼코
골선
(1코 고무뜨기)
체리색
6.5 (26단)
11.5(38코) 만든다

* 시작코는 단수에 넣지 않는다

빼뜨기 잇기

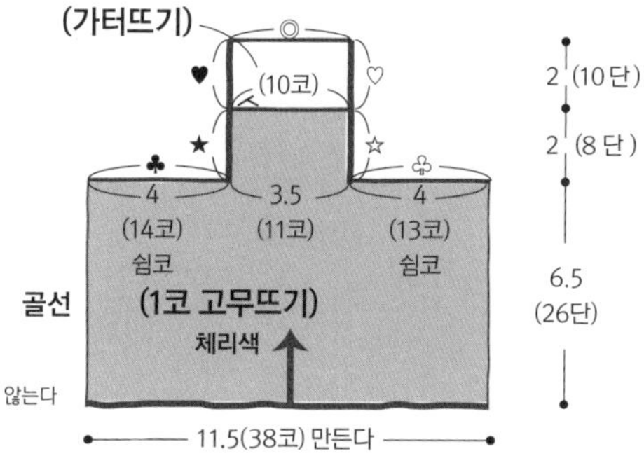

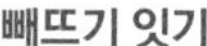

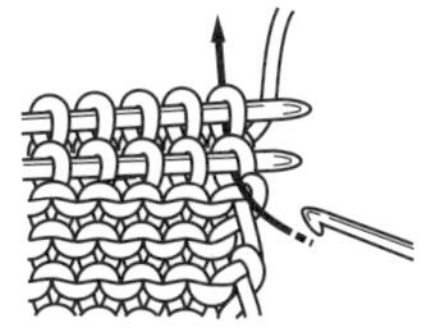

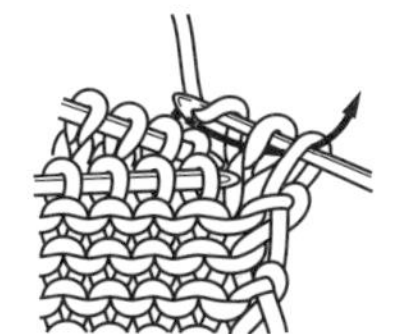

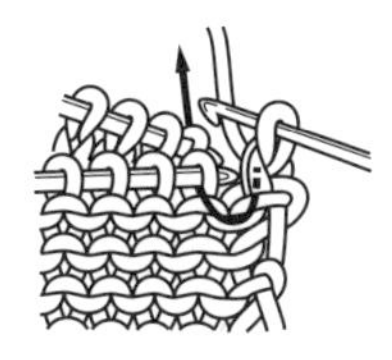

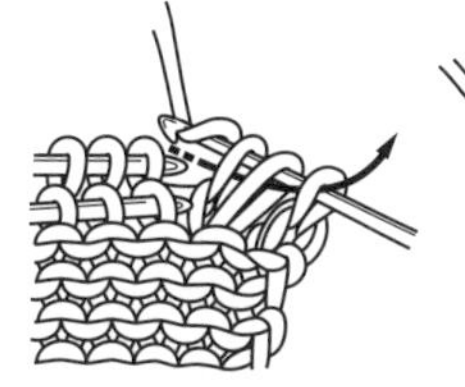

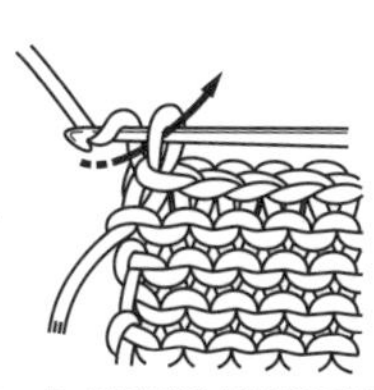

1 뜨개바탕을 겉끼리 마주 대고 코바늘로 앞뒤의 코를 빼냅니다.
2 실을 걸고 2코를 잡아 뺍니다.
3 다음 코도 바늘에 넣고, 2코를 빼냅니다.
4 코바늘로 3코를 잡아 뺍니다. 이것을 반복합니다.
5 마지막은 실 끝을 잡아 뺀 후, 단단히 조입니다.

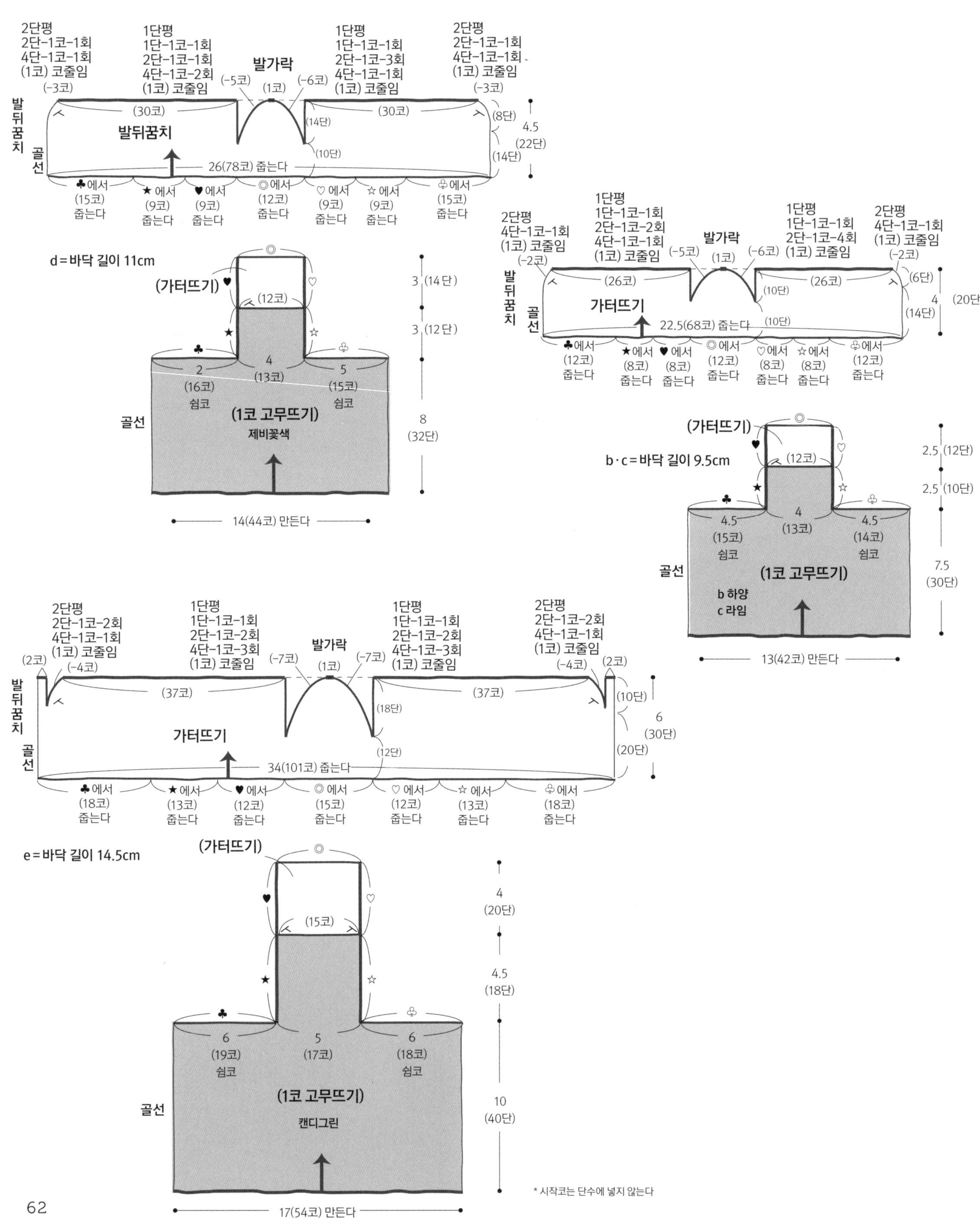

2단평
2단-1코-1회
4단-1코-1회
(1코) 코줄임
(-3코)
1단평
1단-1코-1회
2단-1코-1회
4단-1코-2회
(1코) 코줄임
발가락
(-5코)
(1코)
(-6코)
1단평
1단-1코-1회
2단-1코-3회
4단-1코-1회
(1코) 코줄임
2단평
2단-1코-1회
4단-1코-1회
(1코) 코줄임
(-3코)
발뒤꿈치
골선
(30코)
발뒤꿈치
(14단)
(10단)
(30코)
(8단)
4.5
(22단)
26(78코) 줍는다
(14단)
♣에서
(15코)
줍는다
★에서
(9코)
줍는다
♥에서
(9코)
줍는다
◎에서
(12코)
줍는다
♡에서
(9코)
줍는다
☆에서
(9코)
줍는다
♧에서
(15코)
줍는다
d=바닥 길이 11cm
(가터뜨기) ♥
◎
(12코)
♥
3 (14단)
3 (12단)
★
☆
♣
4
(13코)
♧
2
(16코)
쉼코
5
(15코)
쉼코
골선
(1코 고무뜨기)
제비꽃색
8
(32단)
14(44코) 만든다
2단평
4단-1코-1회
(1코) 코줄임
(-2코)
1단평
1단-1코-1회
2단-1코-2회
4단-1코-1회
(1코) 코줄임
(-5코)
발가락
(1코)
(-6코)
1단평
1단-1코-1회
2단-1코-4회
(1코) 코줄임
2단평
4단-1코-1회
(1코) 코줄임
(-2코)
발뒤꿈치
골선
가터뜨기
(26코)
(10단)
(26코)
(14단)
(6단)
4
(20단)
22.5(68코) 줍는다
(10단)
♣에서
(12코)
줍는다
★에서
(8코)
줍는다
♥에서
(8코)
줍는다
◎에서
(12코)
줍는다
♡에서
(8코)
줍는다
☆에서
(8코)
줍는다
♧에서
(12코)
줍는다
(가터뜨기)
◎
(12코)
♥
♥
b·c=바닥 길이 9.5cm
★
☆
2.5 (12단)
2.5 (10단)
♣
4
(13코)
♧
4.5
(15코)
쉼코
4.5
(14코)
쉼코
골선
(1코 고무뜨기)
b 하양
c 라임
7.5
(30단)
13(42코) 만든다
2단평
2단-1코-2회
4단-1코-1회
(1코) 코줄임
(2코)
(-4코)
1단평
1단-1코-1회
2단-1코-2회
4단-1코-3회
(1코) 코줄임
(-7코)
발가락
(1코)
(-7코)
1단평
1단-1코-1회
2단-1코-2회
4단-1코-3회
(1코) 코줄임
2단평
2단-1코-2회
4단-1코-1회
(1코) 코줄임
(-4코)
(2코)
발뒤꿈치
골선
(37코)
가터뜨기
(18단)
(12단)
(37코)
(10단)
(30단)
(20단)
6
34(101코) 줍는다
♣에서
(18코)
줍는다
★에서
(13코)
줍는다
♥에서
(12코)
줍는다
◎에서
(15코)
줍는다
♡에서
(12코)
줍는다
☆에서
(13코)
줍는다
♧에서
(18코)
줍는다
e=바닥 길이 14.5cm
(가터뜨기)
◎
♥
♡
(15코)
4
(20단)
★
☆
♣
6
(19코)
쉼코
5
(17코)
♧
6
(18코)
쉼코
4.5
(18단)
골선
(1코 고무뜨기)
캔디그린
10
(40단)
17(54코) 만든다
* 시작코는 단수에 넣지 않는다

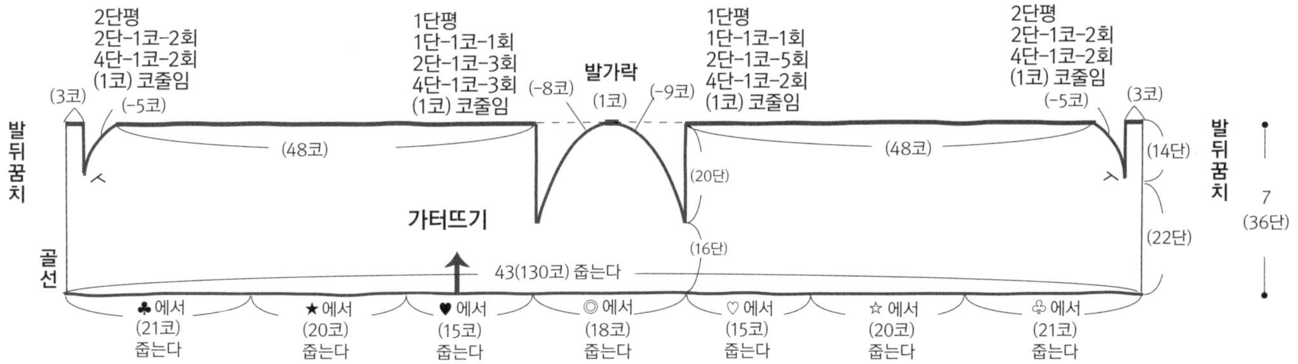

f = 바닥 길이 18.5cm

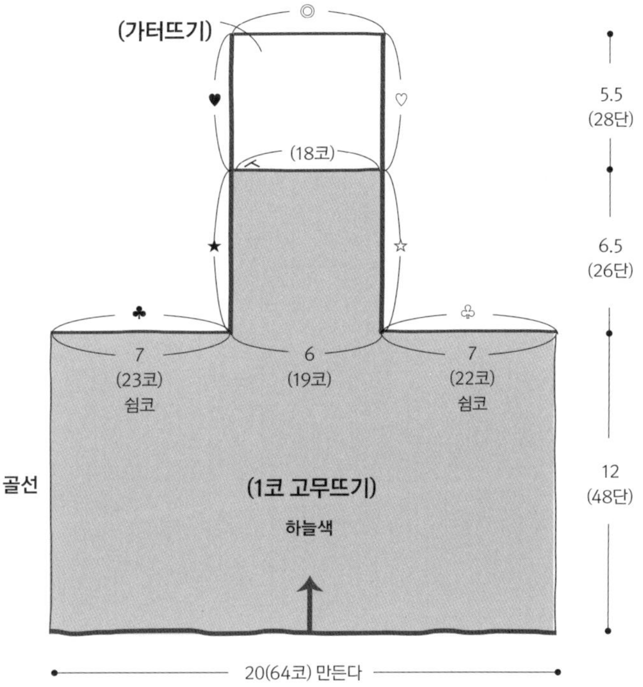

* 시작코는 단수에 넣지 않는다

손가락에 거는 1코 고무뜨기의 시작코

1 바늘을 실 반대쪽에 두고, 1번 회전시켜 안코를 만듭니다.

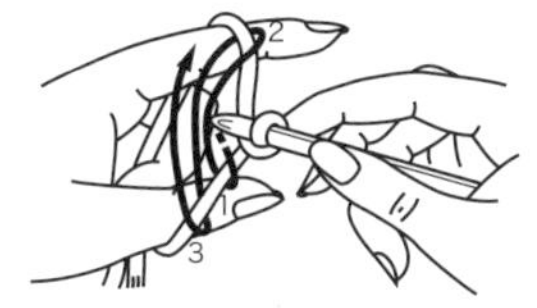

2 숫자의 순서로 움직여서 겉코를 만듭니다.

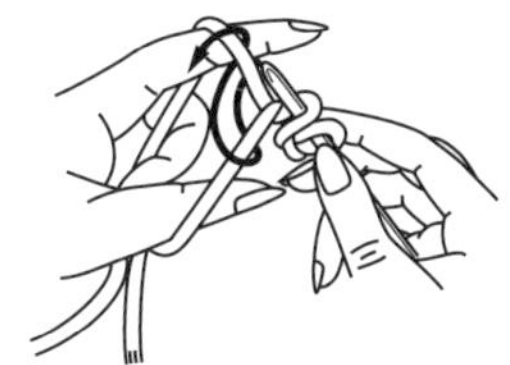

3 3번째 코는 안코, 반대쪽부터 실을 걸어줍니다.

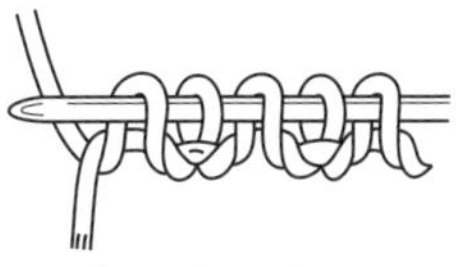

4 2~3을 반복합니다.

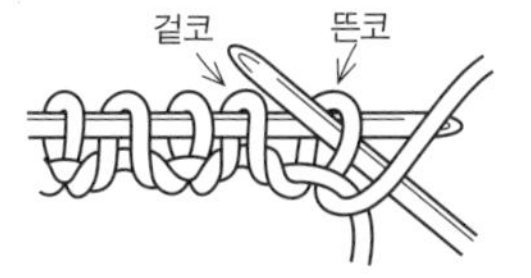

5 1번째 단. 뜬코와 겉코를 반복합니다.
2번째 단부터 안뜨기와 겉뜨기를 반복해서 1코 고무뜨기를 합니다.

12 Tirolean

■ **재료**　에이브릴 슈롭셔 S 그레이(1) 200g, 마루코 베이지 (213) 180g. 앤드스트라이프 지름 20mm 단추 미색(NDI-11132) 10개, 체인 6cm×5개

■ **도구**　줄바늘 12호(지름 5.5mm, 길이 60cm) 대바늘 4호(지름 3.5mm)

■ **사이즈**　가슴둘레 88cm, 길이 55cm

■ **게이지**　메리야스뜨기 13코·20단 (10×10cm)

■ **뜨개질 포인트**　단춧구멍은 2코 모아뜨기와 바늘비우기로 좌우대칭을 만들어 양쪽 몸판에 떠줍니다. 주머니 위치는 다른 실을 넣어서 1단 뜨고, 나중에 풀어서 주머니를 뜹니다. 가장자리뜨기는 각각 코줍기를 하여 뜨고, 뜨기가 끝나면 코막음을 합니다.

* 메리야스뜨기는 마루코와 슈롭셔를 합쳐서 뜨고, 가장자리뜨기는 슈롭셔 2줄로 뜬다

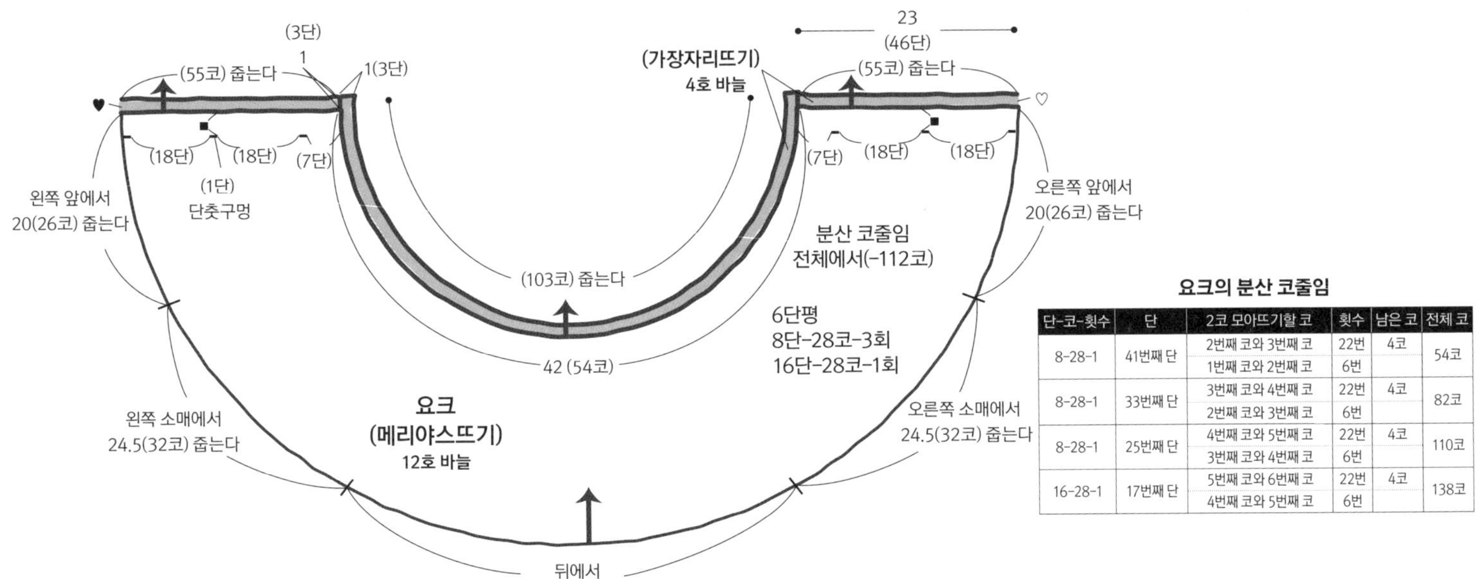

요크의 분산 코줄임

단-코-횟수	단	2코 모아뜨기할 코	횟수	남은 코	전체 코
8-28-1	41번째 단	2번째 코와 3번째 코	22번	4코	54코
		1번째 코와 2번째 코	6번		
8-28-1	33번째 단	3번째 코와 4번째 코	22번	4코	82코
		2번째 코와 3번째 코	6번		
8-28-1	25번째 단	4번째 코와 5번째 코	22번	4코	110코
		3번째 코와 4번째 코	6번		
16-28-1	17번째 단	5번째 코와 6번째 코	22번	4코	138코
		4번째 코와 5번째 코	6번		

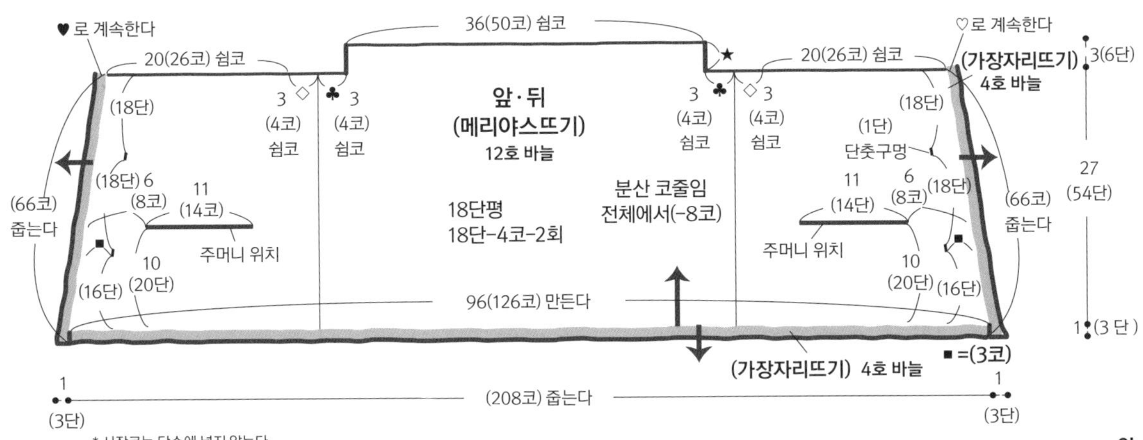

앞·뒤의 분산 코줄임

단-코-횟수	단	2코 모아뜨기할 코	횟수	남은 코	전체 코
18-4-1	37번째 단	23번째 코와 24번째 코	4번	26코	118코
18-4-1	19번째 단	24번째 코와 25번째 코	4번	26코	122코

메리야스뜨기의 코에서 코를 줍는다

같은 콧수를 줍는다

코에서 1코씩 주워서 실을 잡아 당깁니다.

많이 줍는다

코와 코 사이에서도 주워서 실을 잡아당깁니다.

메리야스뜨기의 단에서 코를 줍는다

1코 안쪽에 바늘을 넣어서 실을 잡아당깁니다.

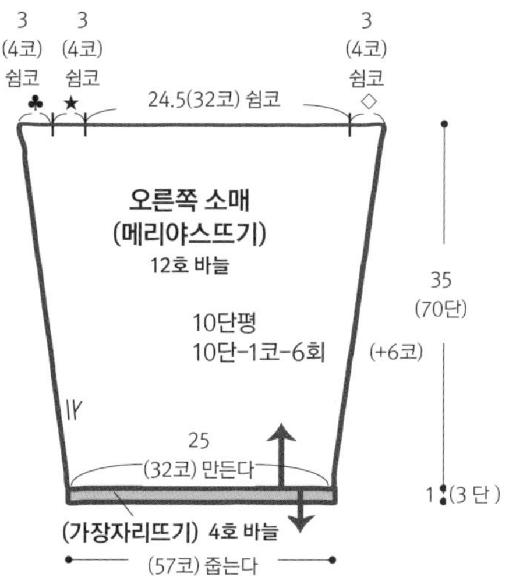

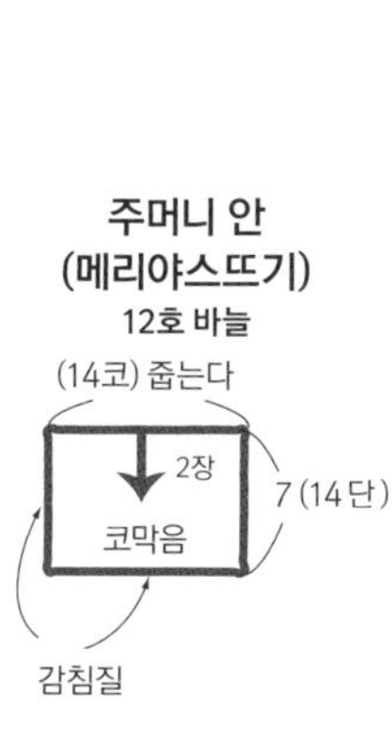

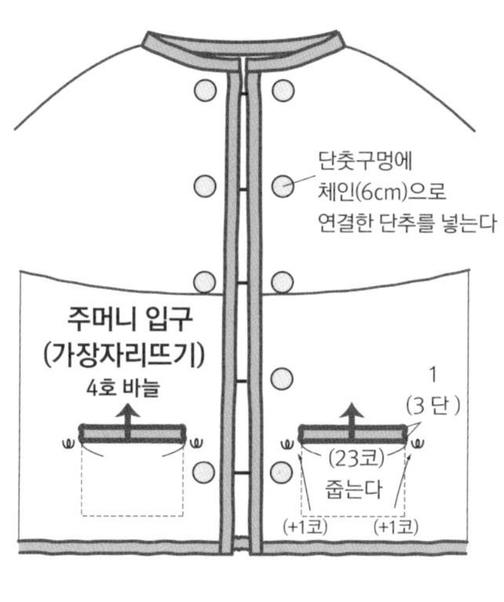

가장자리뜨기

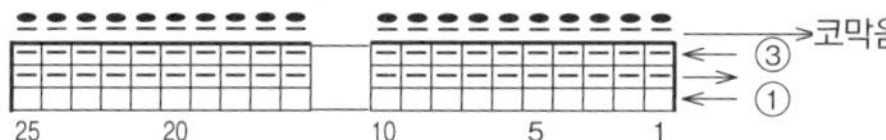

앞·뒤

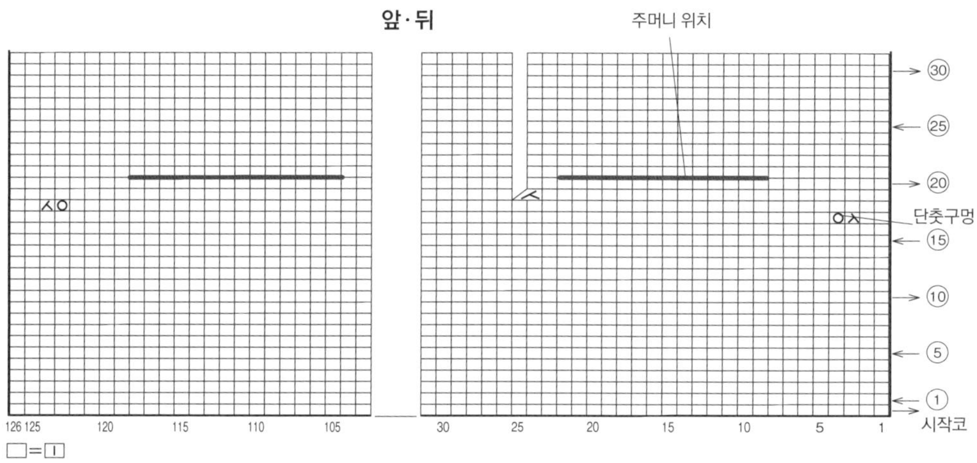

주머니 입구 뜨는 법

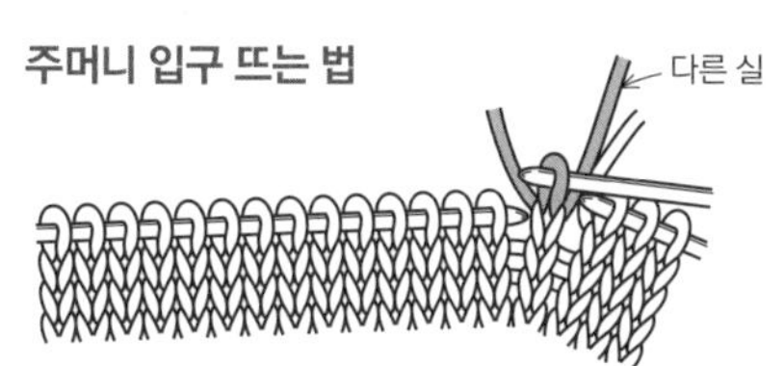

1 지정된 위치에서 실을 다른 실로 바꾸고 지정된 콧수만 뜹니다.

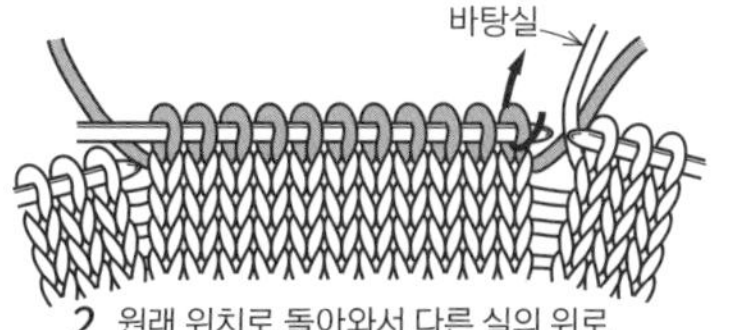

2 원래 위치로 돌아와서 다른 실의 위로 이어서 뜹니다.

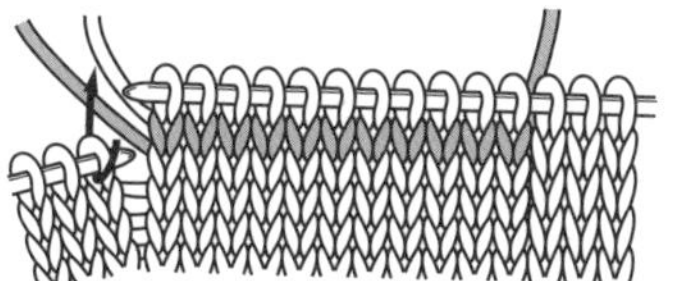

3 그 후는 이어서 떠나갑니다.

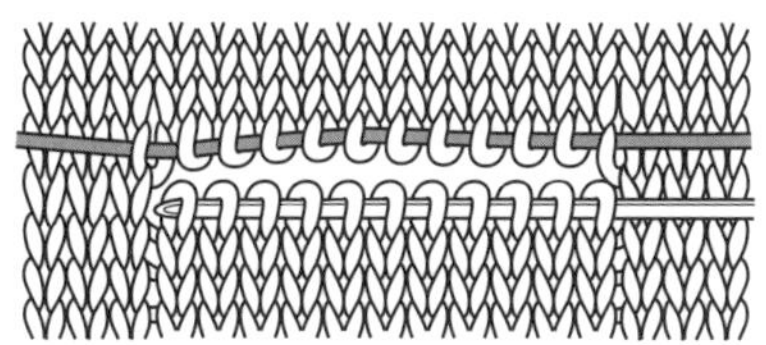

4 다른 실을 풀고 위를 향해 있는 코를 바늘에, 아래를 향해 있는 코를 실에 통과시킵니다.

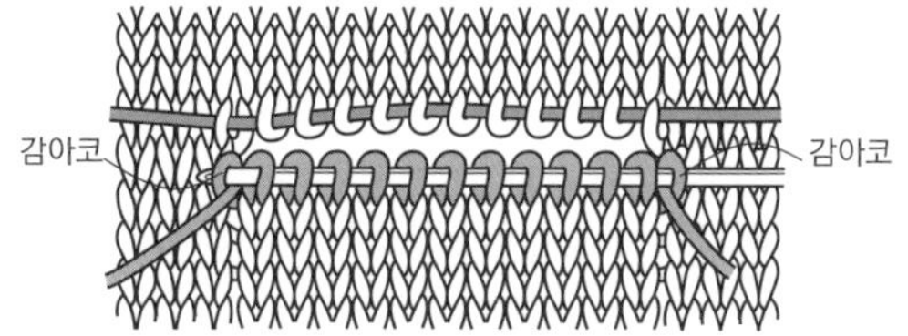

5 위를 향해 있는 코에서 주머니 입구를, 양 끝을 감아코로 늘려준 후 뜹니다. 다른 실에서 아래를 향해 있는 코를 바늘로 옮기고 주머니 안을 뜹니다.

13 Tirolean

size_ M(남성용)

p.21

- **재료** 에이브릴 마루코 그레이(25) 250g, 슈롭셔 M그레이(2) 230g, D그레이(3) 50g. 앤드스트라이프 지름 28~29mm 단추 무광택 실버(SKO-11151, 11156, 11159) 10개, 체인 6.5cm×6개
- **도구** 줄바늘 12호(지름 5.5mm, 길이 60cm) 대바늘 4호(지름 3.5mm)
- **사이즈** 가슴둘레 98cm, 길이 71.5cm
- **게이지** 메리야스뜨기 13코·20단 (10×10cm)
- **뜨개질 포인트** 단춧구멍은 2코 모아뜨기와 바늘비우기로 양쪽 몸판에 떠줍니다. 주머니 위치는 다른 실을 넣어서 1단 뜨고, 나중에 풀어서 주머니를 뜹니다. 가장자리뜨기는 각 각 코줍기를 하여 뜨고, 뜨기가 끝나면 코막음을 합니다.

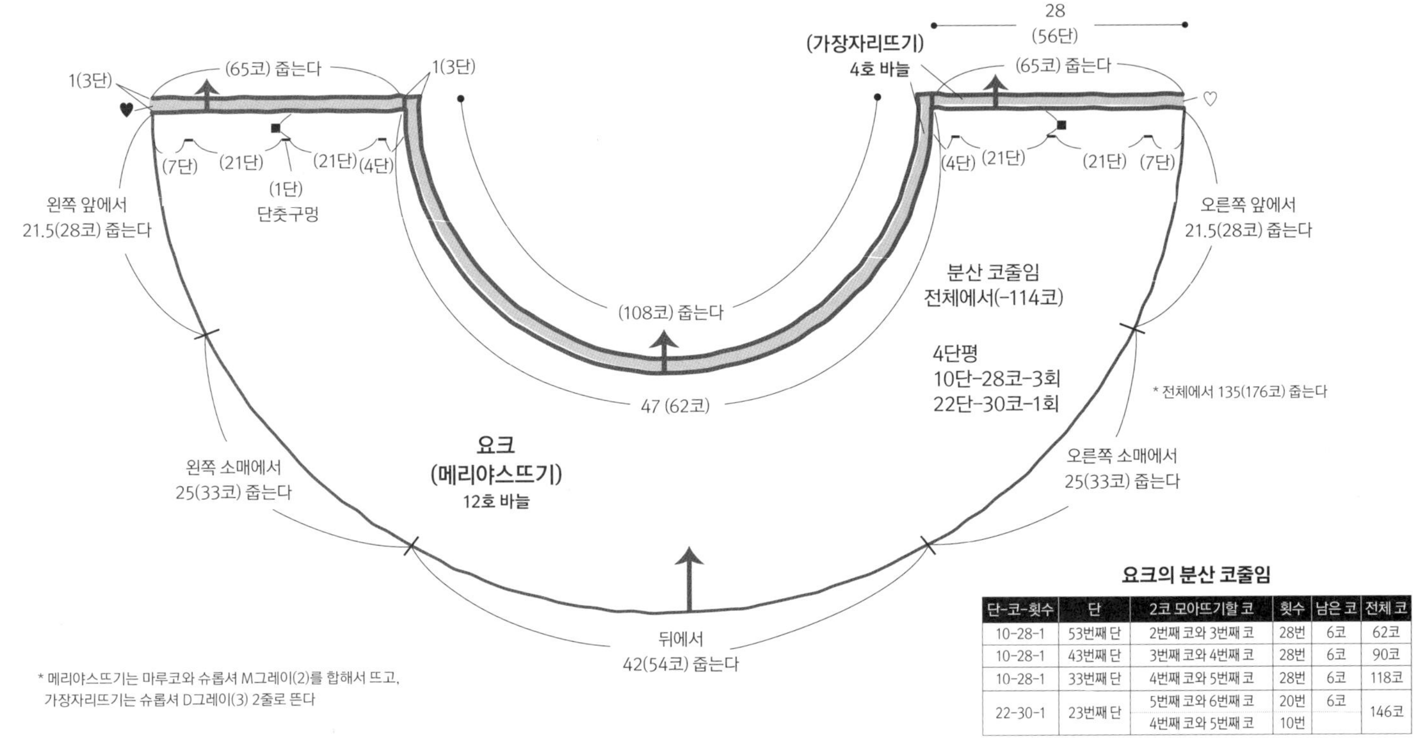

* 메리야스뜨기는 마루코와 슈롭셔 M그레이(2)를 합해서 뜨고, 가장자리뜨기는 슈롭셔 D그레이(3) 2줄로 뜬다

요크의 분산 코줄임

단-코-횟수	단	2코 모아뜨기할 코	횟수	남은 코	전체 코
10-28-1	53번째 단	2번째 코와 3번째 코	28번	6코	62코
10-28-1	43번째 단	3번째 코와 4번째 코	28번	6코	90코
10-28-1	33번째 단	4번째 코와 5번째 코	28번	6코	118코
22-30-1	23번째 단	5번째 코와 6번째 코	20번	6코	146코
		4번째 코와 5번째 코	10번		

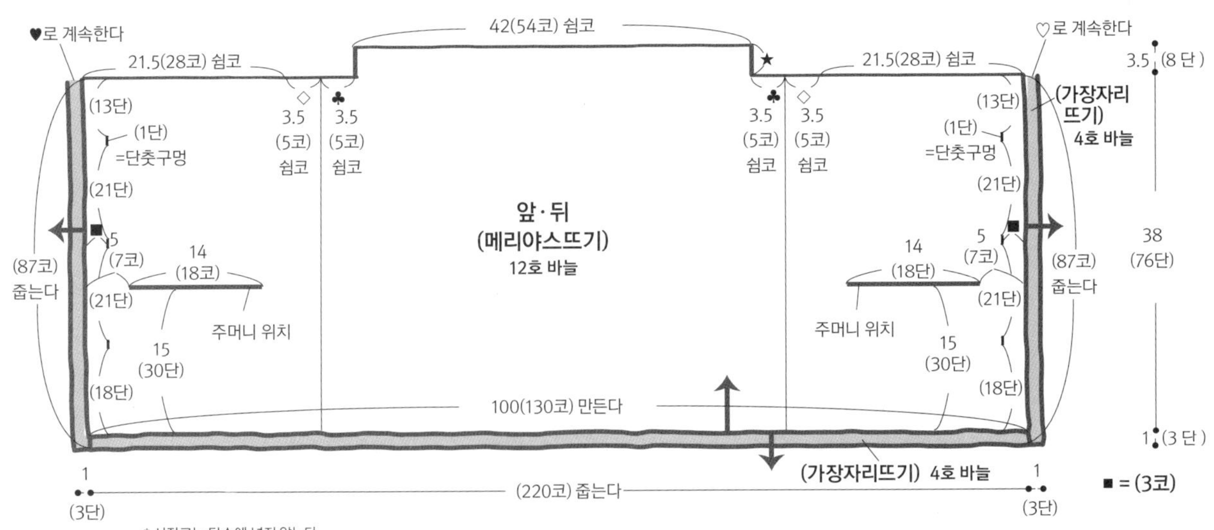

* 시작코는 단수에 넣지 않는다

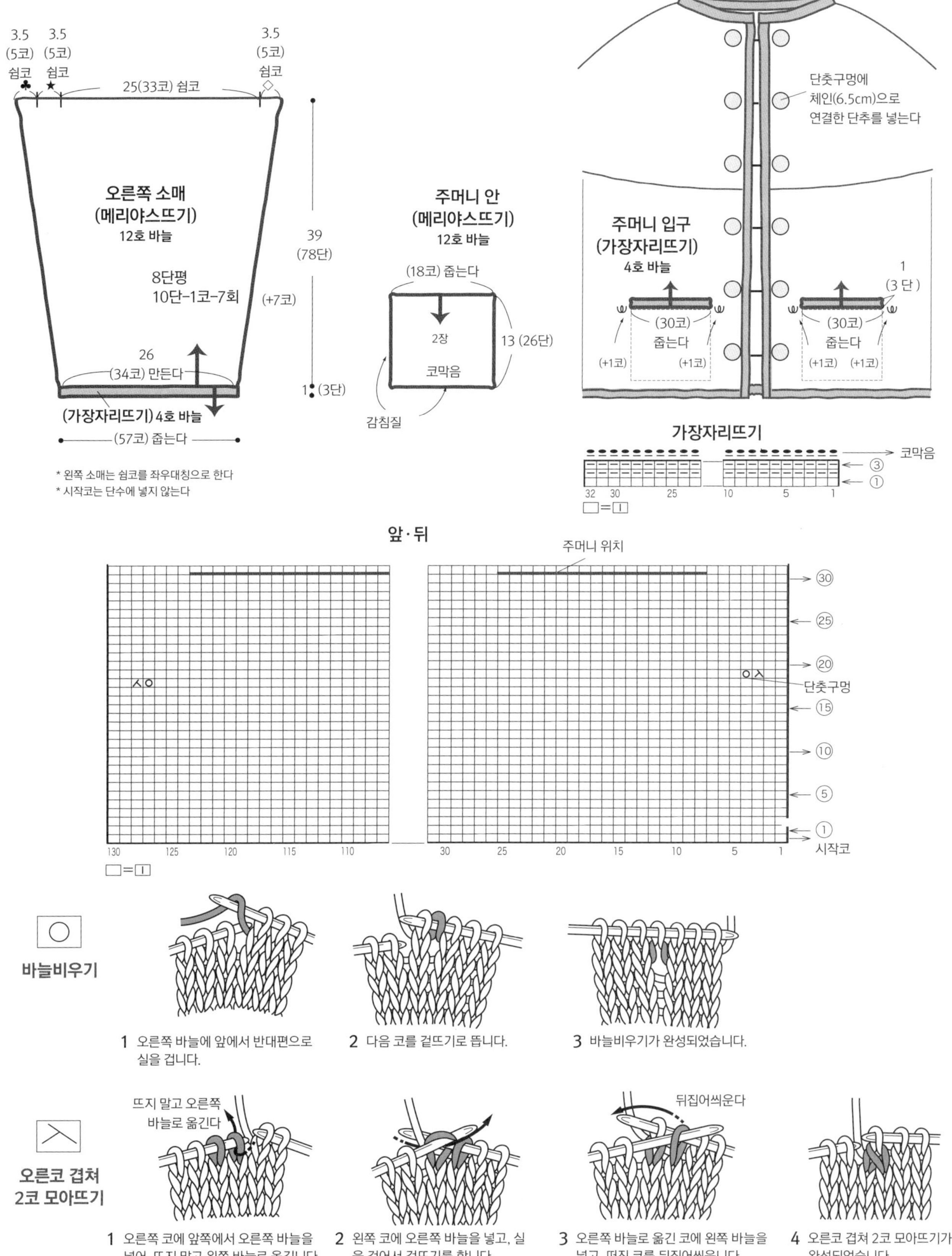

3.5
(5코)
쉼코
3.5
(5코)
쉼코
3.5
(5코)
쉼코
25(33코) 쉼코
오른쪽 소매
(메리야스뜨기)
12호 바늘
8단평
10단-1코-7회
(+7코)
39
(78단)
26
(34코) 만든다
(가장자리뜨기) 4호 바늘
(57코) 줍는다
1 (3단)
* 왼쪽 소매는 쉼코를 좌우대칭으로 한다
* 시작코는 단수에 넣지 않는다
주머니 안
(메리야스뜨기)
12호 바늘
(18코) 줍는다
2장
코막음
13 (26단)
감침질
단춧구멍에
체인(6.5cm)으로
연결한 단추를 넣는다
주머니 입구
(가장자리뜨기)
4호 바늘
1
(3단)
(30코)
줍는다
(+1코)
(+1코)
(30코)
줍는다
(+1코)
(+1코)
가장자리뜨기
코막음
③
①
32 30   25   10   5   1
□ = ▯
앞·뒤
주머니 위치
30
25
20
단춧구멍
15
10
5
1
시작코
130 125 120 115 110
30 25 20 15 10 5 1
□ = ▯
바늘비우기
1 오른쪽 바늘에 앞에서 반대편으로
실을 겁니다.
2 다음 코를 겉뜨기로 뜹니다.
3 바늘비우기가 완성되었습니다.
오른코 겹쳐
2코 모아뜨기
뜨지 말고 오른쪽
바늘로 옮긴다
뒤집어씌운다
1 오른쪽 코에 앞쪽에서 오른쪽 바늘을
넣어, 뜨지 말고 왼쪽 바늘로 옮깁니다.
2 왼쪽 코에 오른쪽 바늘을 넣고, 실
을 걸어서 겉뜨기를 합니다.
3 오른쪽 바늘로 옮긴 코에 왼쪽 바늘을
넣고, 떠진 코를 뒤집어씌웁니다.
4 오른코 겹쳐 2코 모아뜨기가
완성되었습니다.

14 Border
size_ M(남성용)

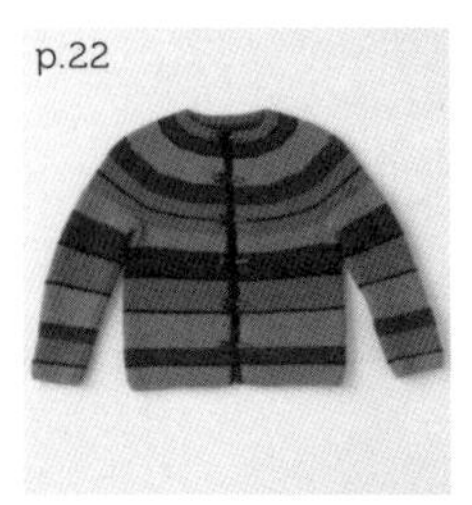

■ **재료** 에이브릴 가우디 그린(16) 370g, 그레이(40), 카키(44) 각 260g, 블랙(30) 60g, 폭 5mm의 가죽 테이프 검정(EXO-11747) 12cm×6줄, 앤드스트라이프 지름 25mm 가죽 단추 흑(EXO-11747) 6개

■ **도구** 줄바늘 13호(지름 6mm, 길이 60cm)

■ **사이즈** 가슴둘레 98cm, 길이 66.5cm

■ **게이지** 안뜨기로 가터뜨기 14코·28단 (10×10cm)

■ **뜨개질 포인트** 몸판과 요크의 양 끝은 걸러뜨기를 합니다. 앞단은 몸판의 겉쪽을 앞으로 해서 코줍기를 하고, 마지막에는 안쪽에서 겉뜨기를 하면서 코막음을 해갑니다. 단춧구멍은 가죽 테이프에 송곳으로 구멍을 뚫은 후, 반으로 접어서 튼튼한 실로 꿰매어 답니다.

요크 줄무늬

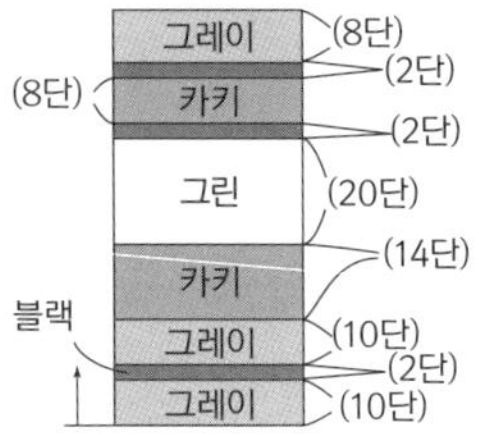

요크의 분산 코줄임

단-코-횟수	단	2코 모아뜨기할 코	횟수	남은 코	전체 코
4-12-1	71번째 단	5번째 코와 6번째 코	12번	6코	66코
4-12-1	67번째 단	6번째 코와 7번째 코	12번	6코	78코
4-12-1	63번째 단	6번째 코와 7번째 코	12번	18코	90코
4-12-1	59번째 단	7번째 코와 8번째 코	12번	18코	102코
4-12-1	55번째 단	8번째 코와 9번째 코	12번	18코	114코
4-12-1	51번째 단	9번째 코와 10번째 코	12번	18코	126코
4-12-1	47번째 단	10번째 코와 11번째 코	12번	18코	138코
4-12-1	43번째 단	11번째 코와 12번째 코	12번	18코	150코
4-12-1	39번째 단	12번째 코와 13번째 코	12번	18코	162코
34-12-1	35번째 단	13번째 코와 14번째 코	12번	18코	174코

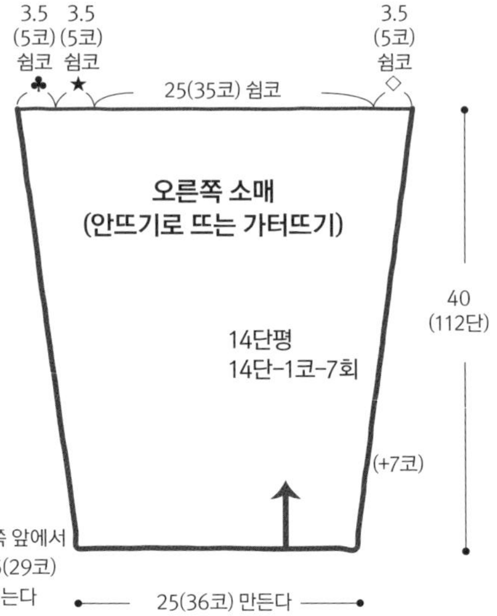

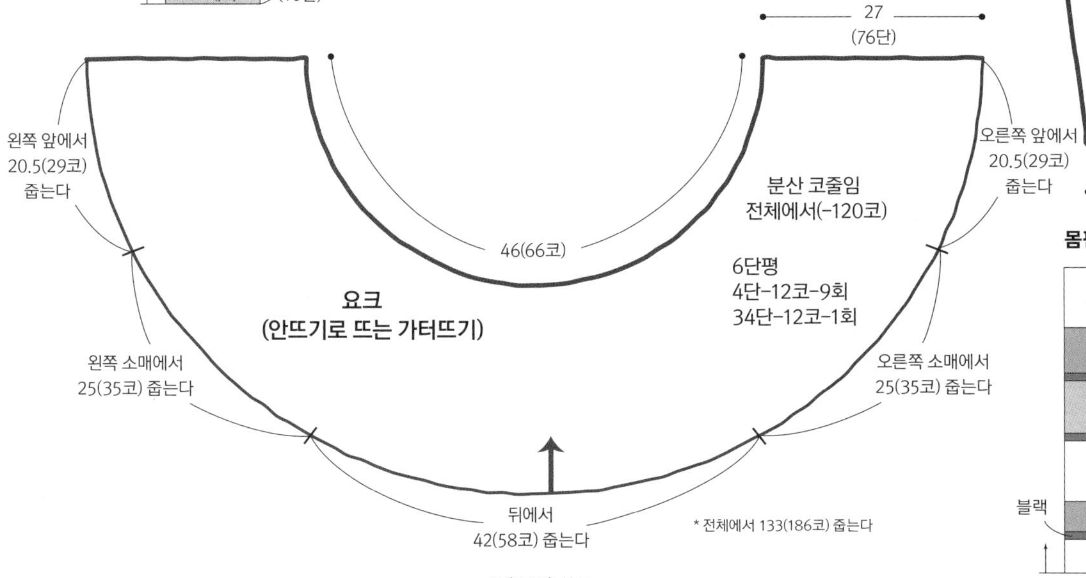

몸판 줄무늬

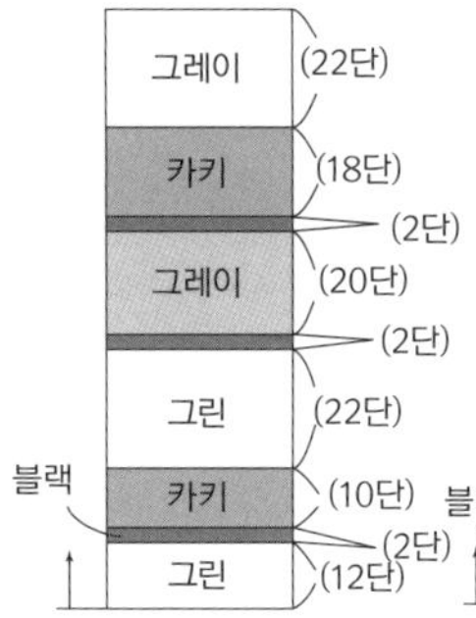

소매 줄무늬

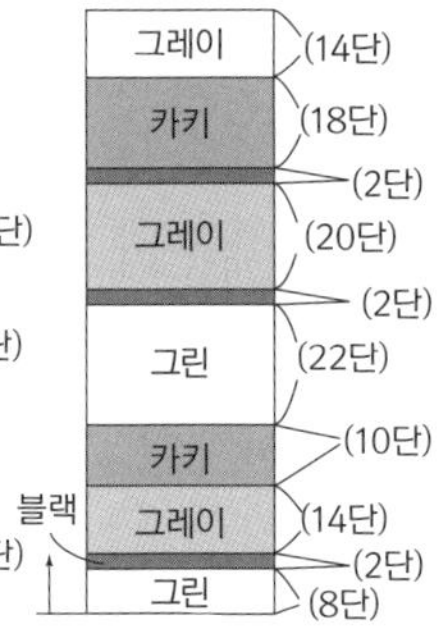

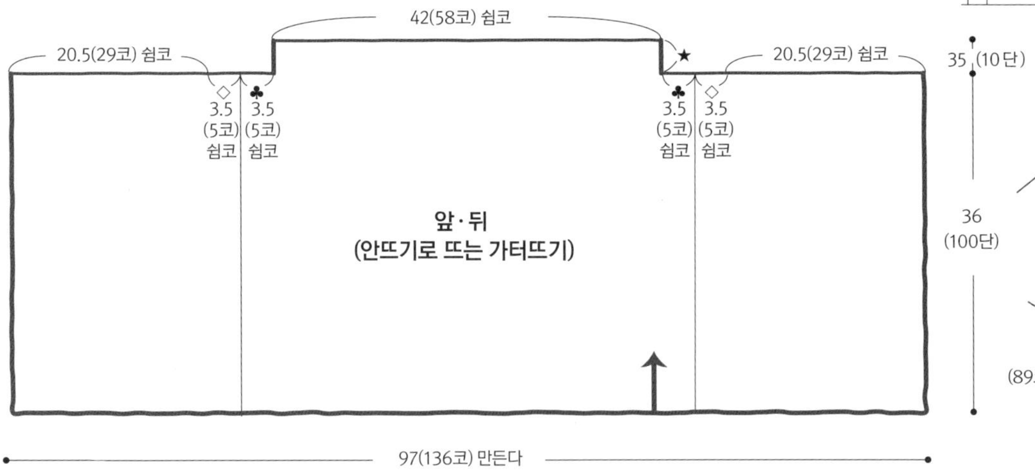

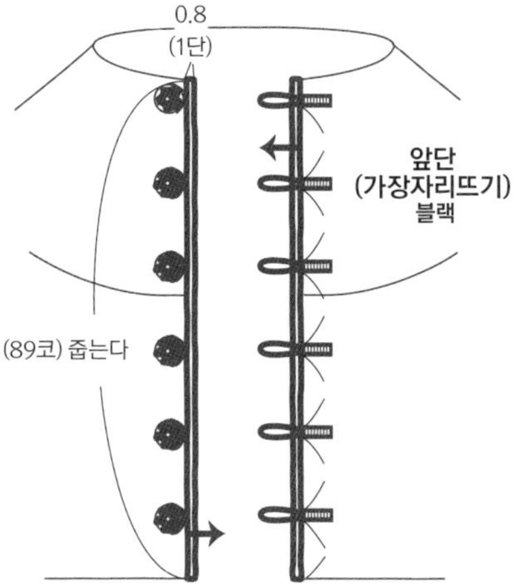

(가장자리뜨기)

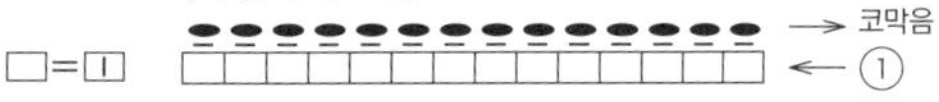

* 시작코는 단수에 넣지 않는다

15 Border

size_ M(여성용)

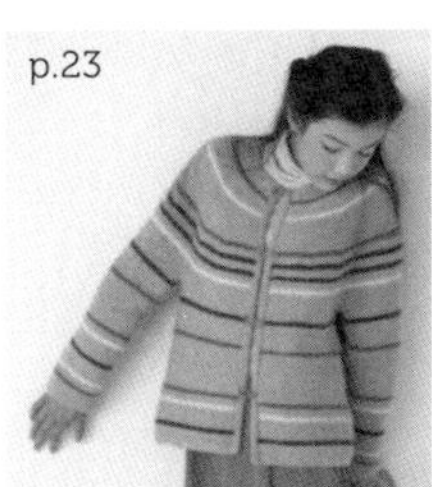

p.23

■ **재료** 에이브릴 가우디 캐러멜(43) 640g, 인디고(33), 그레이(40) 각 50g, 화이트(00) 30g, 앤드스트라이프 길이 25mm 후크 실버(FXO-11175) 세트

■ **도구** 줄바늘 13호(지름 6mm, 길이 60cm)

■ **사이즈** 가슴둘레 88cm, 길이 53cm

■ **게이지** 안뜨기로 가터뜨기 14코·28단 (10×10cm)

■ **뜨개질 포인트** 몸판과 요크의 양 끝은 걸러뜨기를 해서 뜹니다. 앞단은 몸판의 겉쪽을 앞으로 해서 코줍기를 하고, 마지막은 안쪽에서 겉뜨기를 하면서 코막음을 해갑니다.

요크의 분산 코줄임

단-코-횟수	단	2코 모아뜨기할 코	횟수	남은 코	전체 코
4-2-1	61번째 단	18번째 코와 19번째 코	2번	18코	54코
4-12-1	57번째 단	4번째 코와 5번째 코	11번	7코	56코
		5번째 코와 6번째 코	1번		
4-12-1	53번째 단	5번째 코와 6번째 코	11번	7코	68코
		6번째 코와 7번째 코	1번		
4-12-1	49번째 단	6번째 코와 7번째 코	12번	8코	80코
4-12-1	45번째 단	7번째 코와 8번째 코	12번	8코	92코
4-12-1	41번째 단	8번째 코와 9번째 코	12번	8코	104코
4-12-1	37번째 단	9번째 코와 10번째 코	12번	8코	116코
4-12-1	33번째 단	10번째 코와 11번째 코	12번	8코	128코
4-12-1	29번째 단	11번째 코와 12번째 코	12번	8코	140코
4-12-1	25번째 단	12번째 코와 13번째 코	12번	8코	152코
20-12-1	21번째 단	13번째 코와 14번째 코	12번	8코	164코

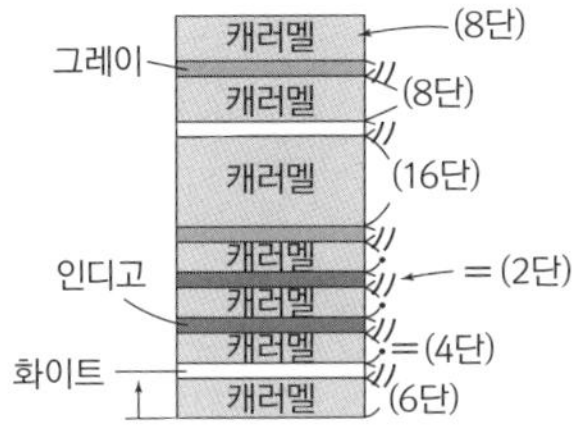

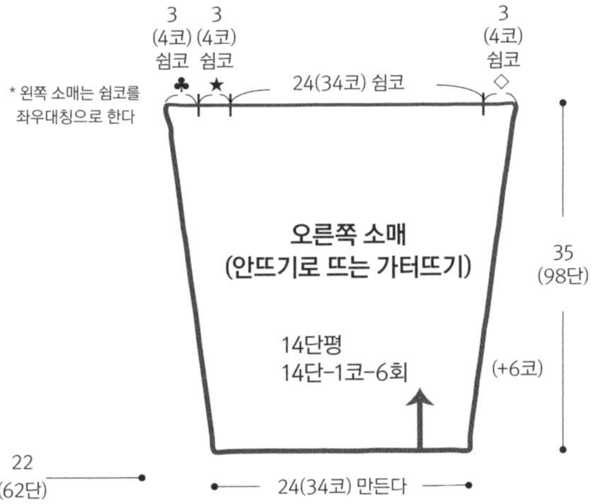

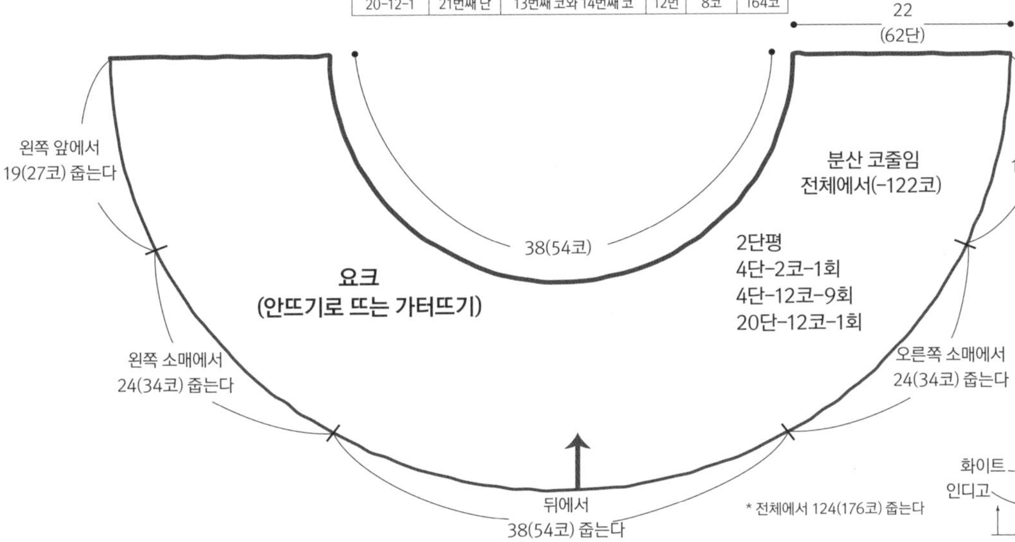

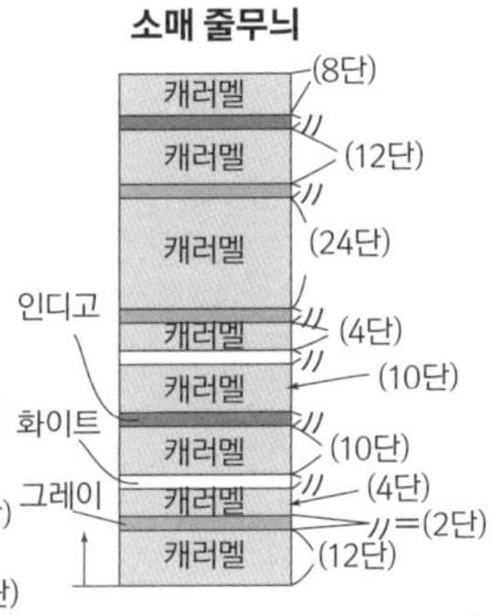

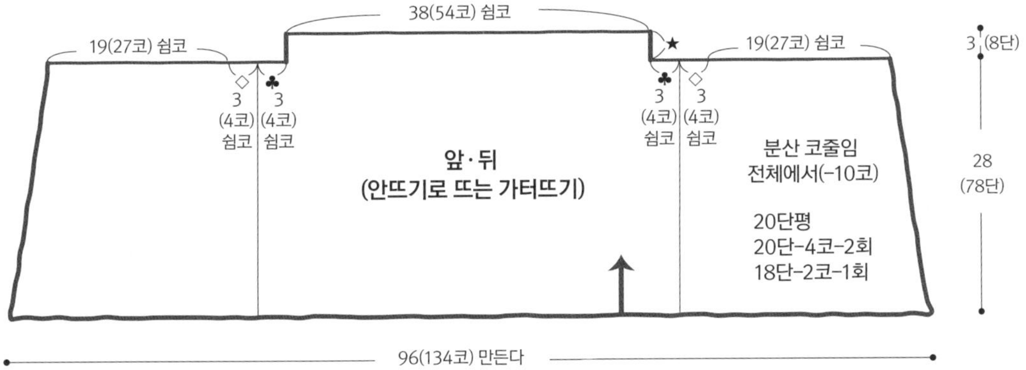

요크 줄무늬

오른쪽 소매
(안뜨기로 뜨는 가터뜨기)

요크
(안뜨기로 뜨는 가터뜨기)

소매 줄무늬

몸판 줄무늬

앞·뒤
(안뜨기로 뜨는 가터뜨기)

* 시작코는 단수에 넣지 않는다

앞단 (가장자리뜨기) 캐러멜

(가장자리뜨기)

앞·뒤의 분산 코줄임

단-코-횟수	단	2코 모아뜨기할 코	횟수	남은 코	전체 코
20-4-1	59번째 단	24번째 코와 25번째 코	4번	28코	124코
20-4-1	39번째 단	25번째 코와 26번째 코	4번	28코	128코
18-2-1	19번째 단	44번째 코와 45번째 코	2번	44코	132코

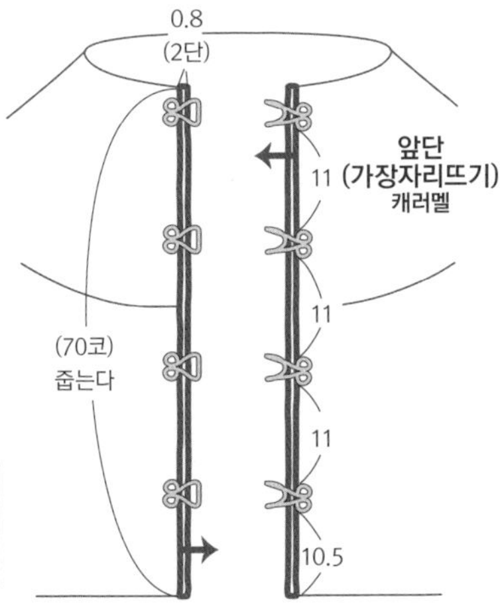

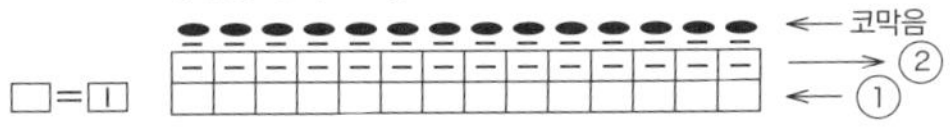

16 Cable

size_ M(여성용)

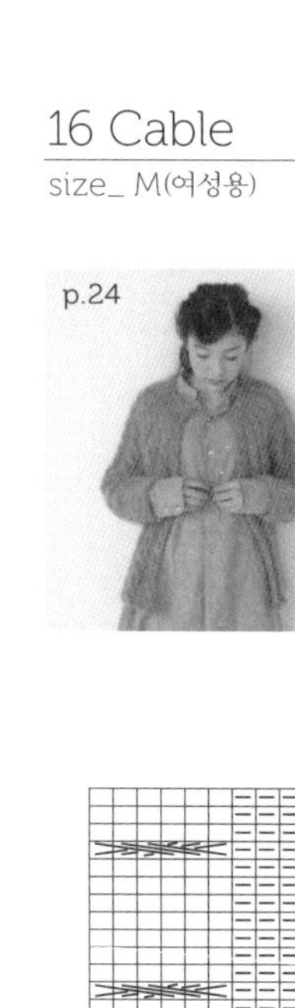

■ **재료** 에이브릴 모헤어 탐 위스키(51) 360g

■ **도구** 줄바늘 10호(지름 5mm, 길이 60cm)

■ **사이즈** 가슴둘레 87cm, 길이 53cm

■ **게이지** 무늬뜨기 22코·26단 (10×10cm)

■ **뜨개질 포인트** 손가락에 거는 시작코를 만들어 안메리야스뜨기부터 뜨기 시작합니다. 몸판과 요크의 양 끝은 걸러뜨기를 해줍니다. 요크의 33번째 단 이후는 방줄무늬뜨기를 하면서 코줄임도 하므로 주의해서 떠주세요.

소매

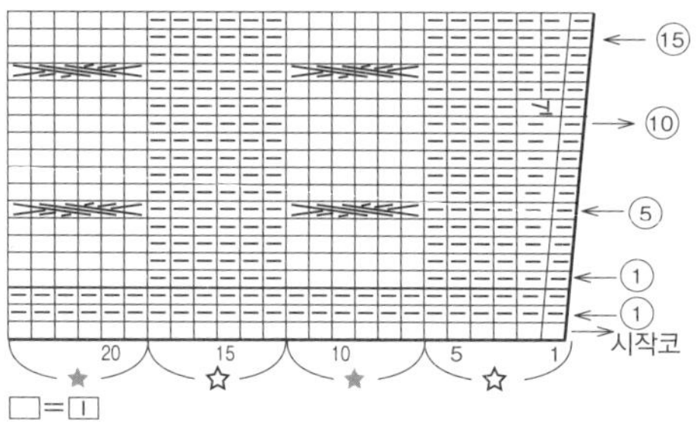

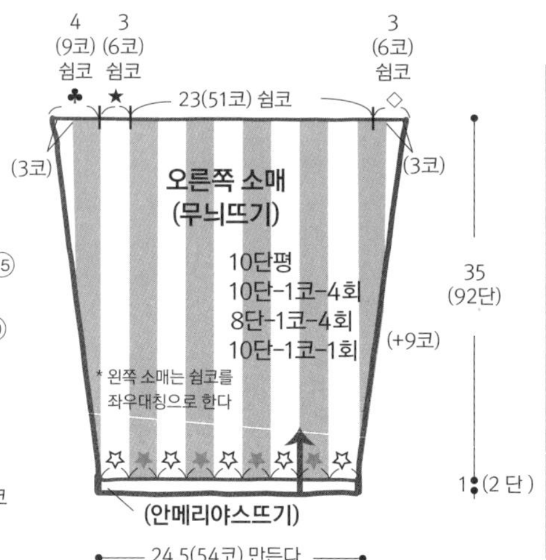

요크의 분산 코줄임

단-코-횟수	단	2코 모아뜨기할 코	횟수	남은 코	전체 코
안메리야스뜨기(-13코)	1번째 단	5번째 코와 6번째 코	12번	7코	78코
		11번째 코와 12번째 코	1번		
4-22-1	49번째 단	4번째 코와 5번째 코	21번	2코	91코
		5번째 코와 6번째 코	1번		
4-21-1	45번째 단	5번째 코와 6번째 코	20번	6코	113코
		7번째 코와 8번째 코	1번		
2-22-1	41번째 단	6번째 코와 7번째 코	22번	2코	134코
6-21-1	39번째 단	7번째 코와 8번째 코	20번	7코	156코
		9번째 코와 10번째 코	1번		
6-45-1	33번째 단	1번째 코와 2번째 코	1번	1코	177코
		5번째 코와 6번째 코	1번		
		3번째 코와 4번째 코	21번 반복		
		5번째 코와 6번째 코			
		2번째 코와 3번째 코	1번		
6-21-1	27번째 단	10번째 코와 11번째 코	20번	9코	222코
		13번째 코와 14번째 코	1번		
20-21-1	21번째 단	11번째 코와 12번째 코	20번	9코	243코
		14번째 코와 15번째 코	1번		

▲ = (3코)

△ = (1코)

★ = (6코) = 오른코 위 3코 교차뜨기

☆ = (6코) = 안메리야스뜨기

● = (7코) = 안메리야스뜨기

✪ = (8코) = 안메리야스뜨기

* 전체에서 119.5(264코) 줍는다

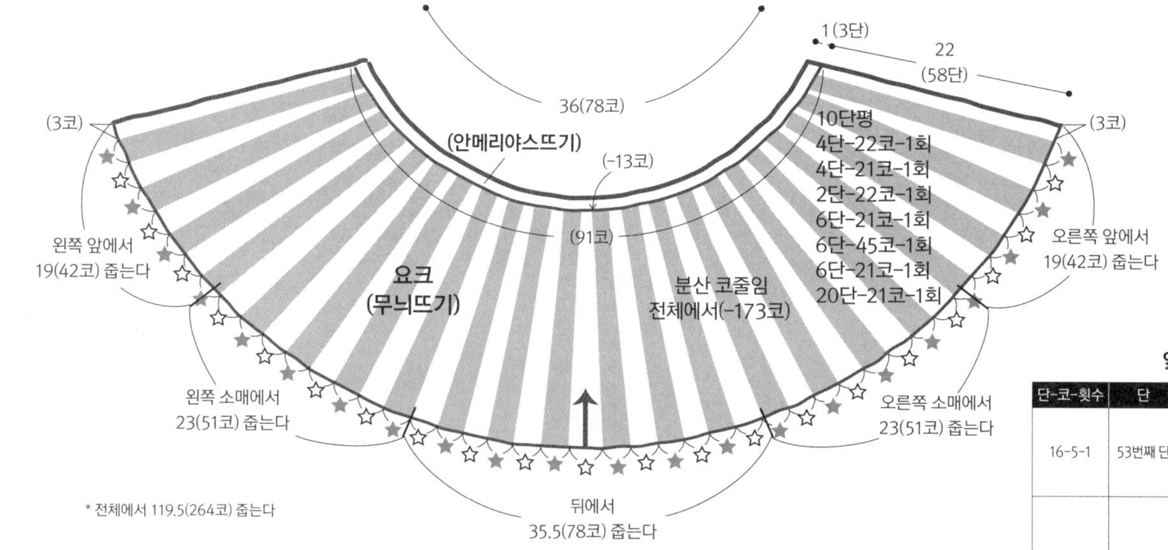

앞·뒤의 분산 코줄임

단-코-횟수	단	2코 모아뜨기할 코	횟수	남은 코	전체 코
16-5-1	53번째 단	24번째 코와 25번째 코	1번	21코	192코
		48번째 코와 49번째 코	2번		
		24번째 코와 25번째 코	1번		
		27번째 코와 28번째 코	1번		
18-6-1	37번째 단	25번째 코와 26번째 코	1번	34코	197코
		24번째 코와 25번째 코	1번		
		25번째 코와 26번째 코	1번		
		24번째 코와 25번째 코	1번		
		25번째 코와 26번째 코	1번		
		40번째 코와 41번째 코	1번		
18-7-1	19번째 단	38번째 코와 39번째 코	1번	9코	203코
		26번째 코와 27번째 코	1번		
		25번째 코와 26번째 코	1번		
		26번째 코와 27번째 코	1번		
		25번째 코와 26번째 코	1번		
		39번째 코와 40번째 코	1번		
		15번째 코와 16번째 코	1번		

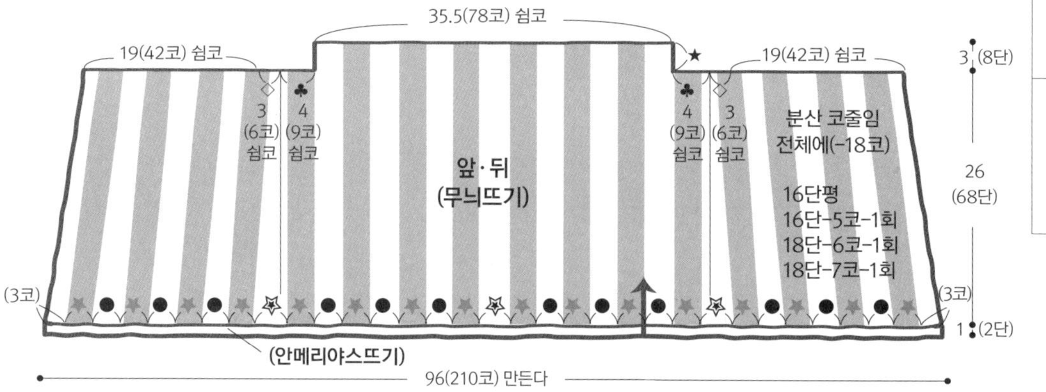

* 시작코는 단수에 넣지 않는다

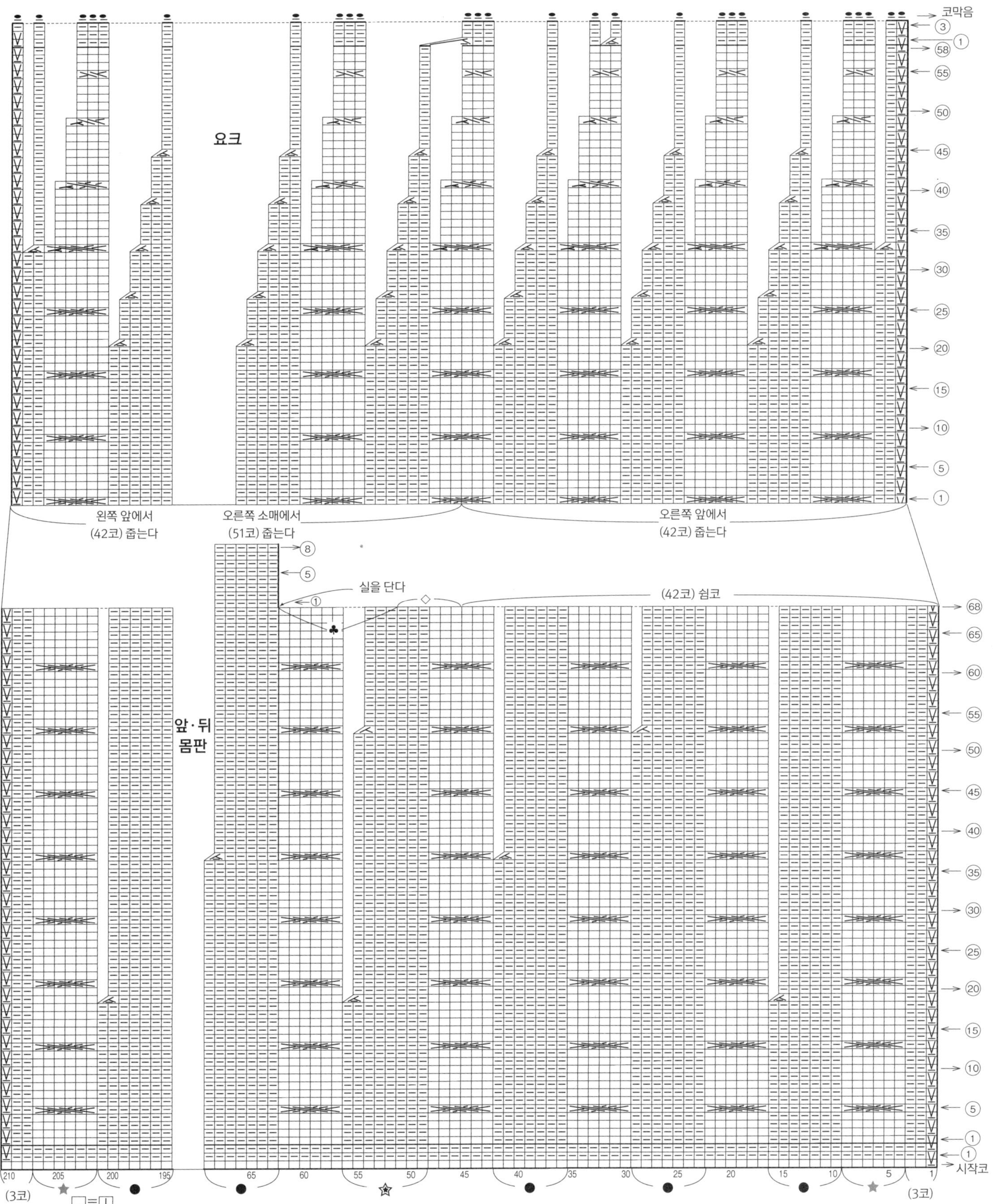
코막음
요크
왼쪽 앞에서
(42코) 줍는다
오른쪽 소매에서
(51코) 줍는다
오른쪽 앞에서
(42코) 줍는다
실을 단다
(42코) 쉼코
앞·뒤
몸판
(3코)
(3코)
□=[1]
시작코

17 Cable

size_ M(남성용)

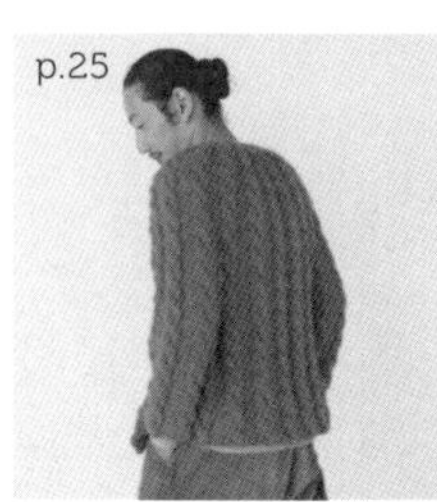

- ■ **재료** 에이브릴 가우디 위스키(41) 930g
- ■ **도구** 줄바늘 13호(지름 6mm, 길이 60cm)
- ■ **사이즈** 가슴둘레 91cm, 길이 65.5cm
- ■ **게이지** 무늬뜨기 17.5코·19단 (10×10cm)
- ■ **뜨개질 포인트** 몸판과 요크의 양 끝은 길러뜨기를 해줍니다. 요크는 49번째 단까지 뜬 후, 안쪽을 앞쪽으로 하여 안뜨기를 하면서 코막음합니다.

소매

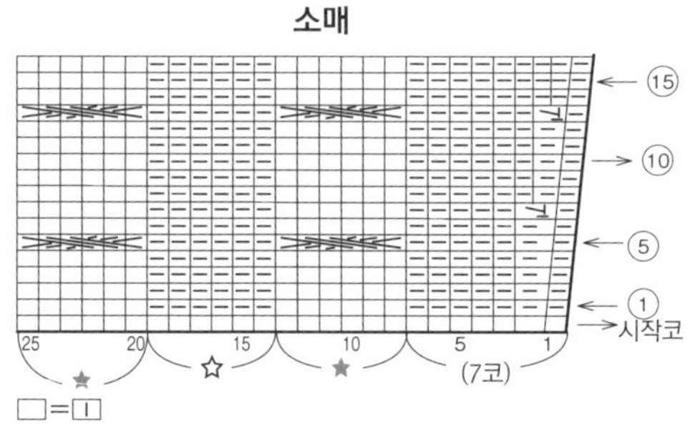

□ = ①

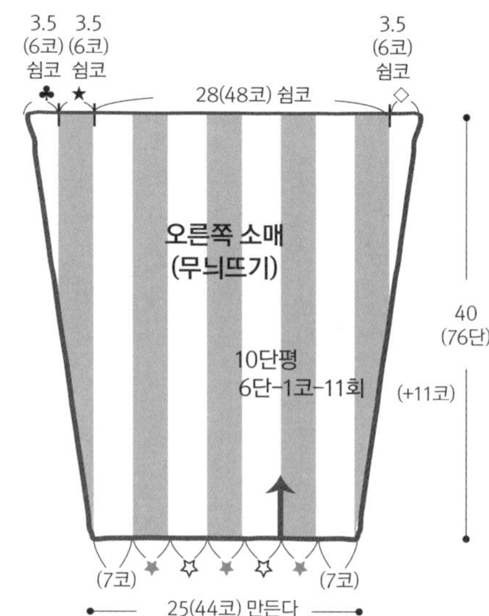

* 왼쪽 소매는 쉼코를 좌우대칭으로 한다
* 시작코는 단수에 넣지 않는다

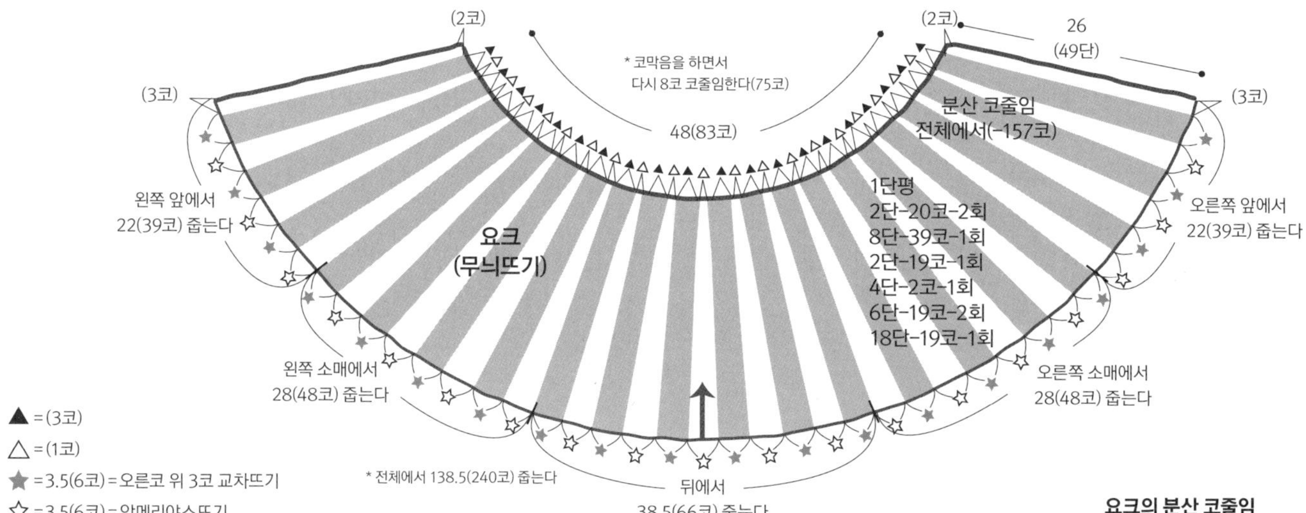

▲ = (3코)

△ = (1코)

★ = 3.5(6코) = 오른코 위 3코 교차뜨기

☆ = 3.5(6코) = 안메리야스뜨기

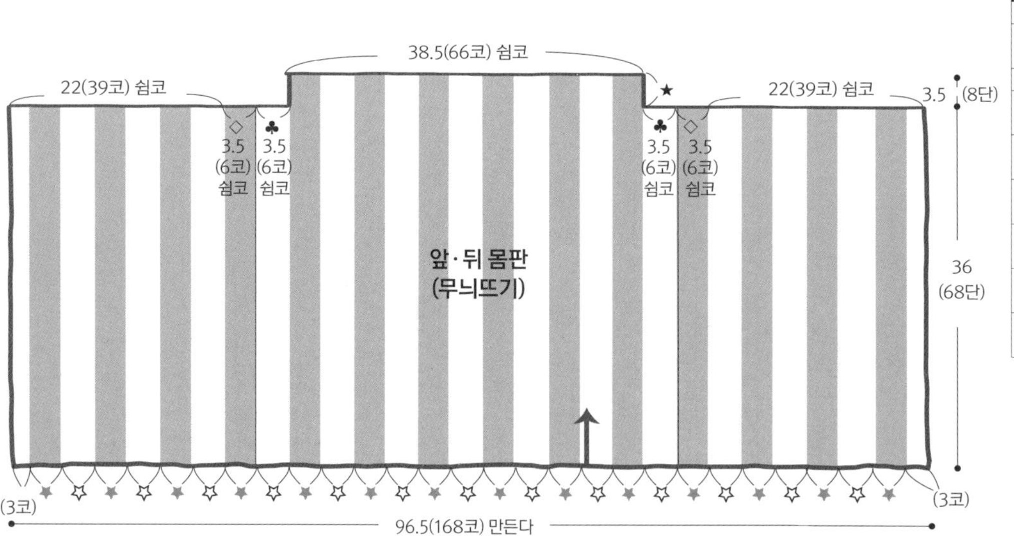

요크의 분산 코줄임

단-코-횟수	단	2코 모아뜨기할 코	횟수	남은 코	전체 코
	코막음	9번째 코와 10번째 코	8번	3코	75코
2-20-1	49번째 단	4번째 코와5번째 코	19번	2코	83코
		5번째 코와 6번째 코	1번		
2-20-1	47번째 단	5번째 코와 6번째 코	20번	3코	103코
8-39-1	45번째 단	3번째 코와 4번째 코	38번	4코	123코
		5번째 코와 6번째 코	1번		
2-19-1	37번째 단	8번째 코와 9번째 코	18번	8코	162코
		10번째 코와 11번째 코	1번		
4-2-1	35번째 단	179번째 코와 180번째 코	1번	1코	181코
		2번째 코와 3번째 코	1번		
6-19-1	31번째 단	9번째 코와 10번째 코	18번	9코	183코
		12번째 코와 13번째 코	1번		
6-19-1	25번째 단	10번째 코와 11번째 코	18번	9코	202코
		13번째 코와14 번째 코	1번		
18-19-1	19번째 단	11번째 코와 12번째 코	18번	9코	221코
		14번째 코와 15번째 코	1번		

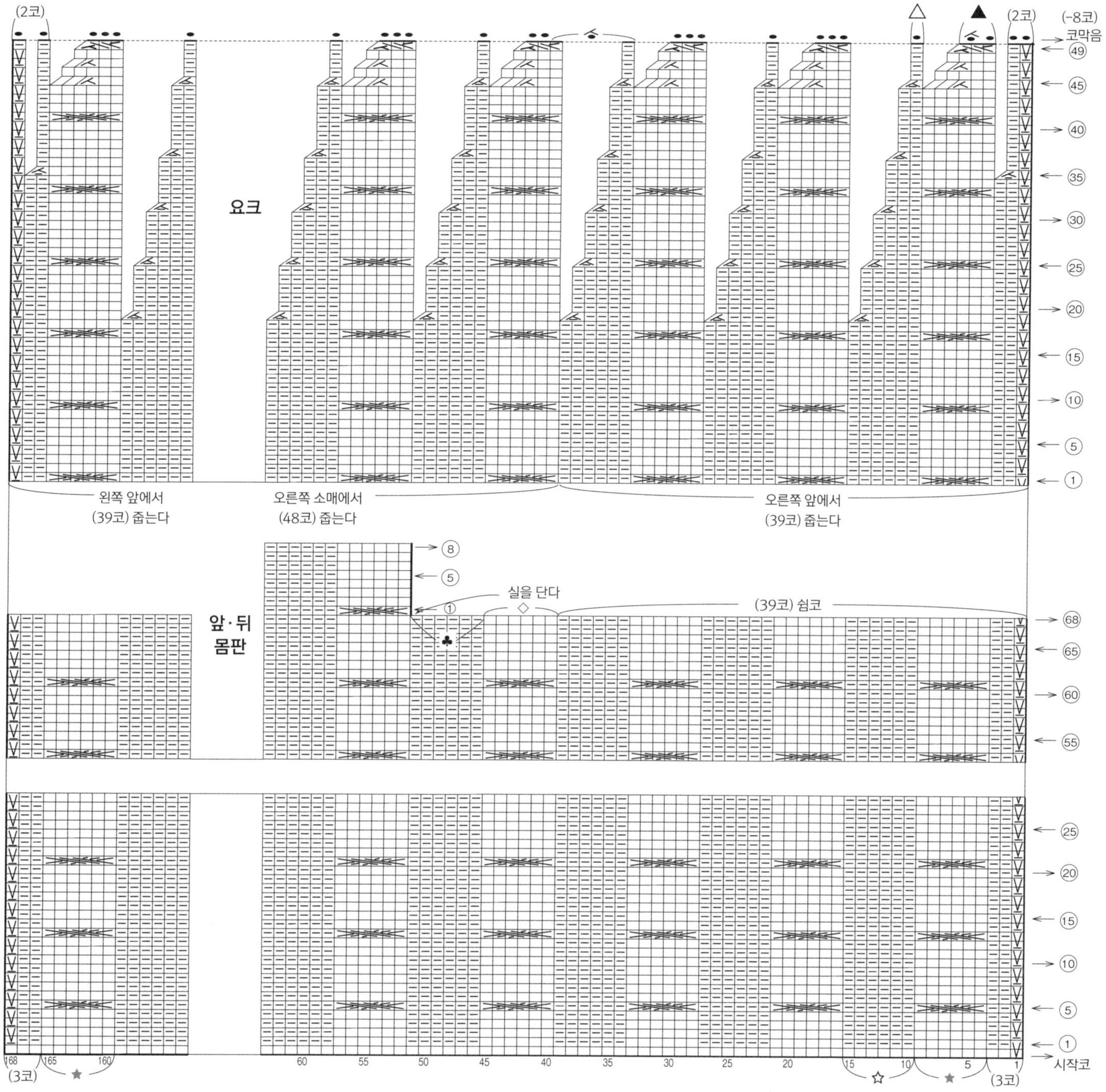

(2코) (2코) △ ▲ (2코) (-8코)

코막음

요크

왼쪽 앞에서
(39코) 줍는다

오른쪽 소매에서
(48코) 줍는다

오른쪽 앞에서
(39코) 줍는다

앞·뒤
몸판

실을 단다

(39코) 쉼코

시작코

(3코) ★ ☆ ★ (3코)

□=ㅣ

(3코)

오른코 위 3코 교차뜨기

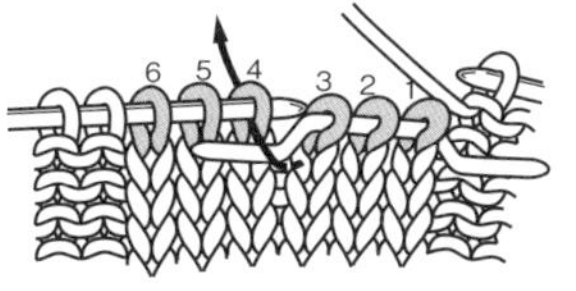

1 오른쪽의 3코를 꽈배기바늘로 옮겨서
앞쪽에 쉬게 합니다.

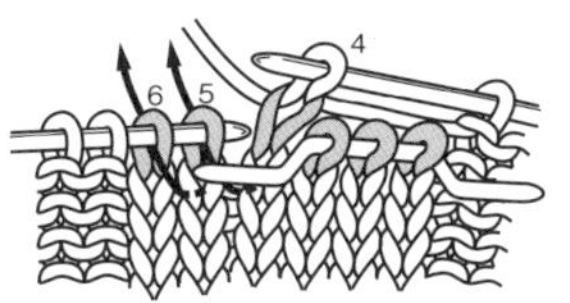

2 4·5·6코를 겉뜨기로 뜹니다.

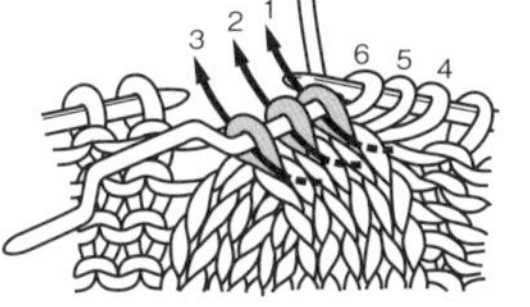

3 1·2·3코를 겉뜨기로 뜹니다.

18 Key Point Line

size_ M(남성용)

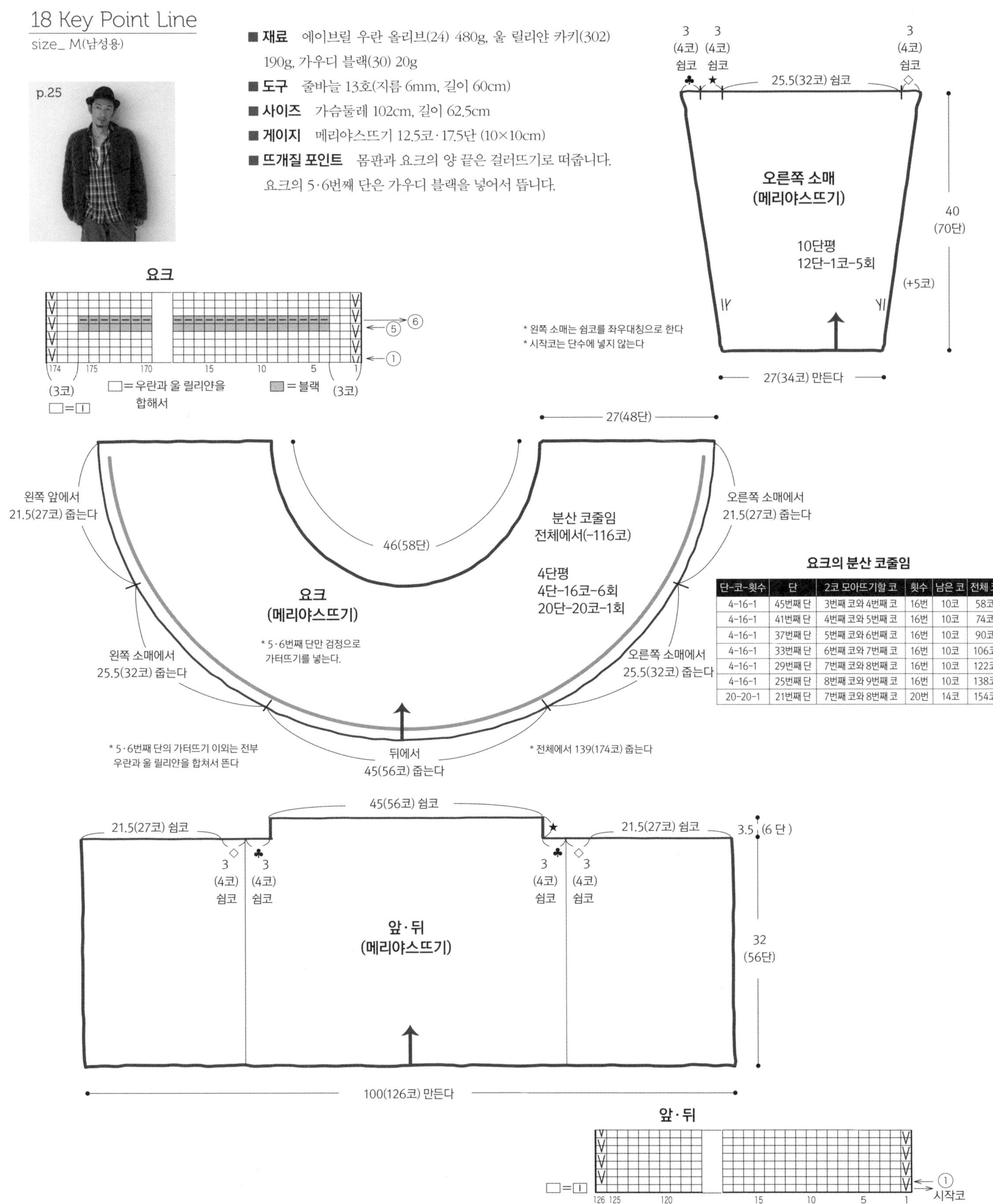

- **재료** 에이브릴 우란 올리브(24) 480g, 올 릴리얀 카키(302) 190g, 가우디 블랙(30) 20g
- **도구** 줄바늘 13호(지름 6mm, 길이 60cm)
- **사이즈** 가슴둘레 102cm, 길이 62.5cm
- **게이지** 메리야스뜨기 12.5코·17.5단 (10×10cm)
- **뜨개질 포인트** 몸판과 요크의 양 끝은 걸러뜨기로 떠줍니다. 요크의 5·6번째 단은 가우디 블랙을 넣어서 뜹니다.

요크의 분산 코줄임

단-코-횟수	단	2코 모아뜨기할 코	횟수	남은 코	전체 코
4-16-1	45번째 단	3번째 코와 4번째 코	16번	10코	58코
4-16-1	41번째 단	4번째 코와 5번째 코	16번	10코	74코
4-16-1	37번째 단	5번째 코와 6번째 코	16번	10코	90코
4-16-1	33번째 단	6번째 코와 7번째 코	16번	10코	106코
4-16-1	29번째 단	7번째 코와 8번째 코	16번	10코	122코
4-16-1	25번째 단	8번째 코와 9번째 코	16번	10코	138코
20-20-1	21번째 단	7번째 코와 8번째 코	20번	14코	154코

19 Key Point Line

size_ M(여성용)

p.26

■ **재료** 에이브릴 우란 그레이프(33) 430g, 모헤어 탐 그레이프 (01) 230g, 가우디 쿠키(61) 20g

■ **도구** 줄바늘 13호(지름 6mm, 길이 60cm)

■ **사이즈** 가슴둘레 88cm, 길이 53.5cm

■ **게이지** 메리야스뜨기 12.5코·17단 (10×10cm)

■ **뜨개질 포인트** 몸판과 요크의 양 끝은 걸러뜨기로 떠줍니다. 요크의 7번째 단은 각각 지정된 위치에서 가우디 베이지로 바꿔서 4단 뜬 후, 다음 단은 원래의 실로 되돌려서 3코 모아뜨기하면서 뜹니다.

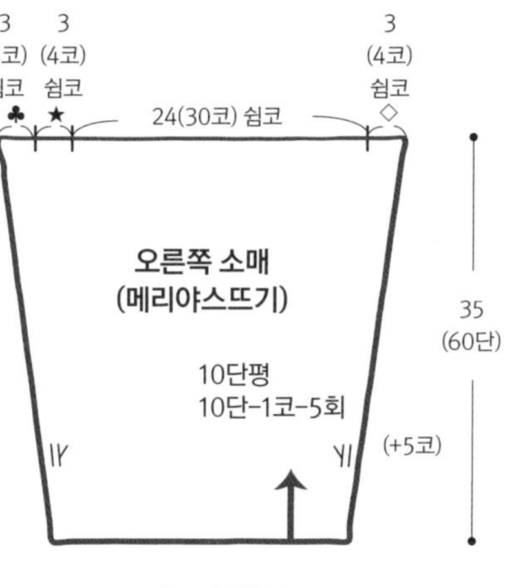

요크
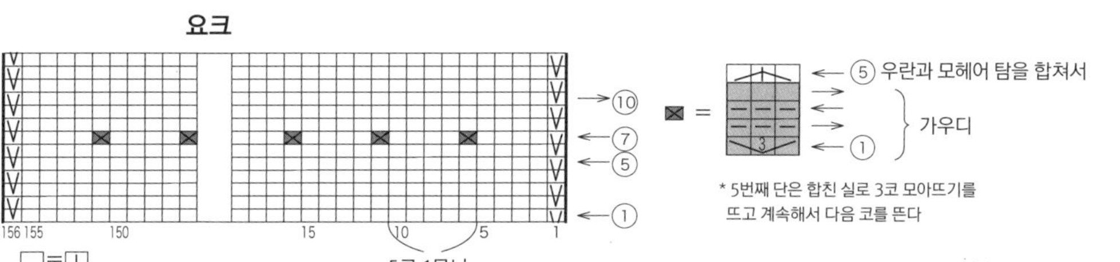

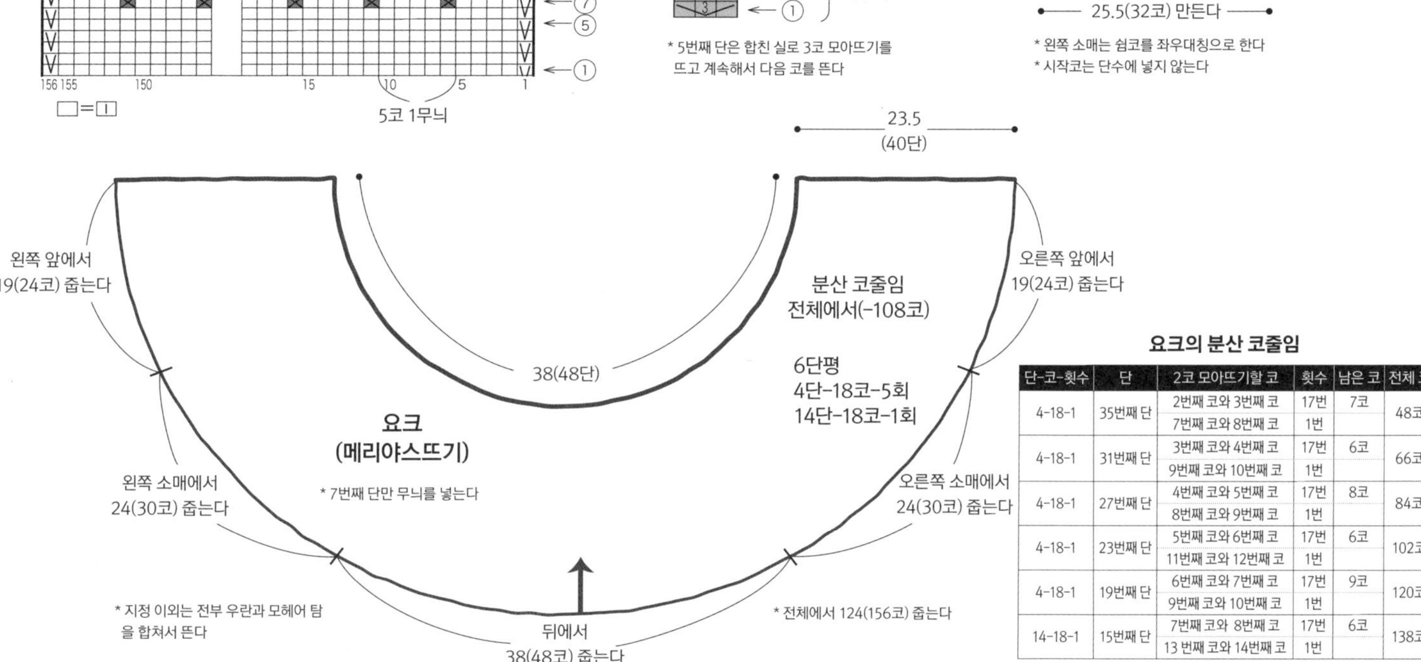

요크의 분산 코줄임

단-코-횟수	단	2코 모아뜨기할 코	횟수	남은 코	전체 코
4-18-1	35번째 단	2번째 코와 3번째 코	17번	7코	48코
		7번째 코와 8번째 코	1번		
4-18-1	31번째 단	3번째 코와 4번째 코	17번	6코	66코
		9번째 코와 10번째 코	1번		
4-18-1	27번째 단	4번째 코와 5번째 코	17번	8코	84코
		8번째 코와 9번째 코	1번		
4-18-1	23번째 단	5번째 코와 6번째 코	17번	6코	102코
		11번째 코와 12번째 코	1번		
4-18-1	19번째 단	6번째 코와 7번째 코	17번	9코	120코
		9번째 코와 10번째 코	1번		
14-18-1	15번째 단	7번째 코와 8번째 코	17번	6코	138코
		13번째 코와 14번째 코	1번		

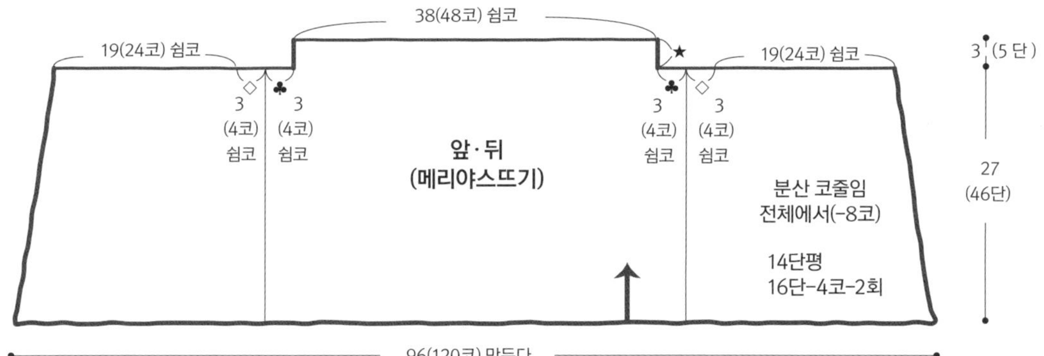

앞·뒤의 분산 코줄임

단-코-횟수	단	2코 모아뜨기할 코	횟수	남은 코	전체 코
16-4-1	33번째 단	22번째 코와 23번째 코	4번	24코	112코
16-4-1	17번째 단	23번째 코와 24번째 코	4번	24코	116코

앞·뒤
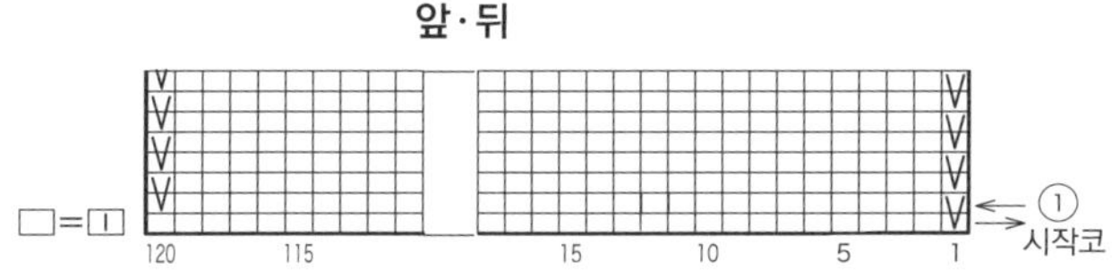

p.27

- **재료** 에이브릴 모헤어 탐 로즈(18) 130g, 차콜(06) 10g
- **도구** 대바늘 6호(지름 4mm, 4자루 1세트)
  코바늘 5호(지름 3mm)
- **사이즈** 가슴둘레 51cm, 길이 32cm
- **게이지** 안뜨기로 뜨는 가터뜨기 19코·34단 (10×10cm)
- **뜨개질 포인트** 뜨개질 포인트 몸판과 요크의 양 끝은 걸러 뜨기로 떠줍니다. 요크의 6번째 단과 7번째 단은 지정된 위치에서 걸러뜨기를 하면서 차콜로 뜹니다.

* 레이스용 코바늘은 호수가 높아질수록 바늘 굵기가 얇아지고,
  모사용 코바늘은 호수가 높아질수록 바늘 굵기가 굵어진다

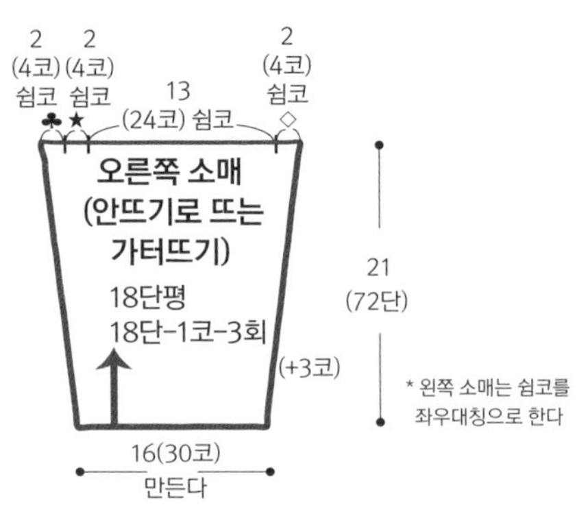

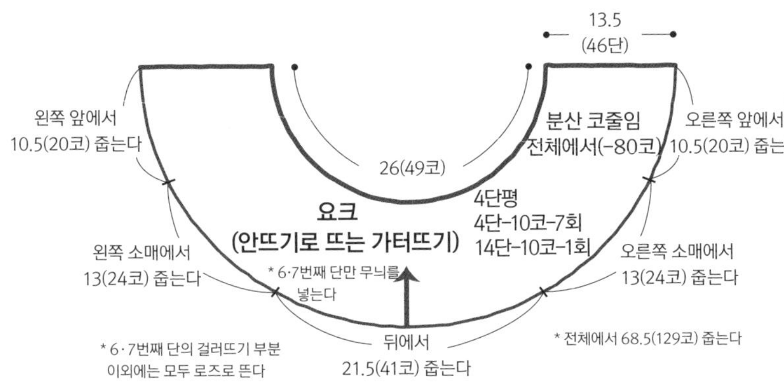

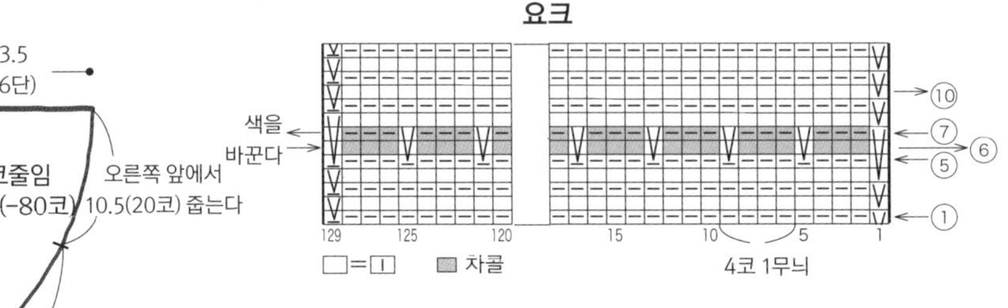

요크의 분산 코줄임

단-코-횟수	단	2코 모아뜨기할 코	횟수	남은 코	전체 코
4-10-1	43번째 단	4번째 코와 5번째 코	10번	9코	49코
4-10-1	39번째 단	5번째 코와 6번째 코	10번	9코	59코
4-10-1	35번째 단	6번째 코와 7번째 코	10번	9코	69코
4-10-1	31번째 단	7번째 코와 8번째 코	10번	9코	79코
4-10-1	27번째 단	8번째 코와 9번째 코	10번	9코	89코
4-10-1	23번째 단	9번째 코와 10번째 코	10번	9코	99코
4-10-1	19번째 단	10번째 코와 11번째 코	10번	9코	109코
14-10-1	15번째 단	11번째 코와 12번째 코	10번	9코	119코

앞·뒤의 분산 코줄임

단-코-횟수	단	2코 모아뜨기할 코	횟수	남은 코	전체 코
14-4-1	43번째 단	19번째 코와 20번째 코	4번	21코	97코
14-4-1	29번째 단	20번째 코와 21번째 코	4번	21코	101코
14-4-1	15번째 단	21번째 코와 22번째 코	4번	21코	105코

* 시작코는 단수에 넣지 않는다

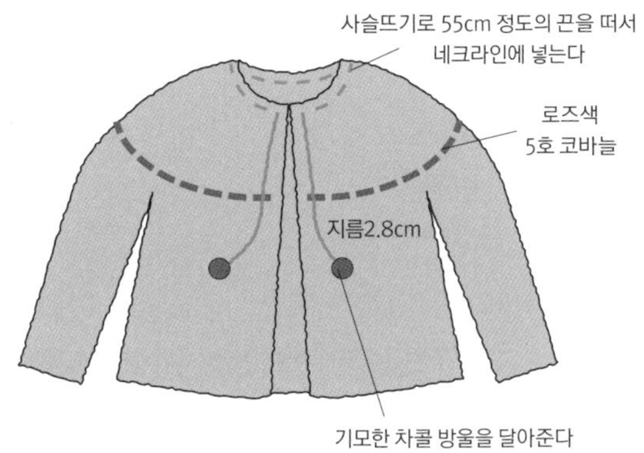

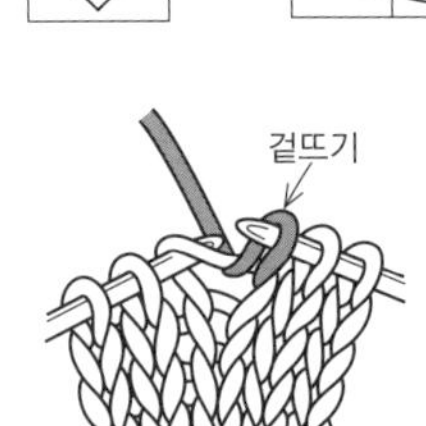

3 = │ O │

3코 만들기 (떠내는 코늘림)

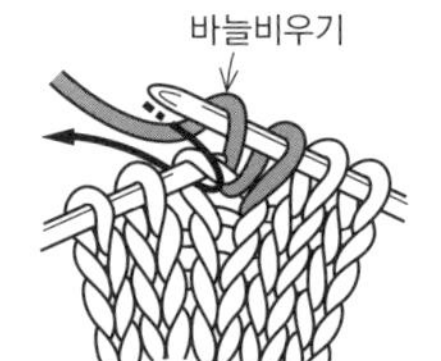

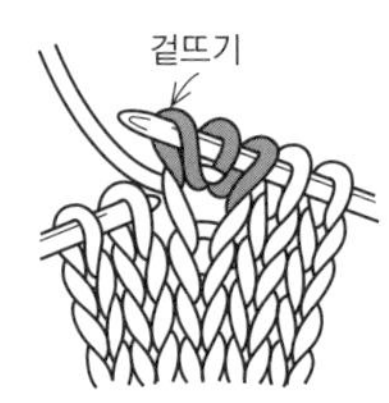

21 Kids

p.27

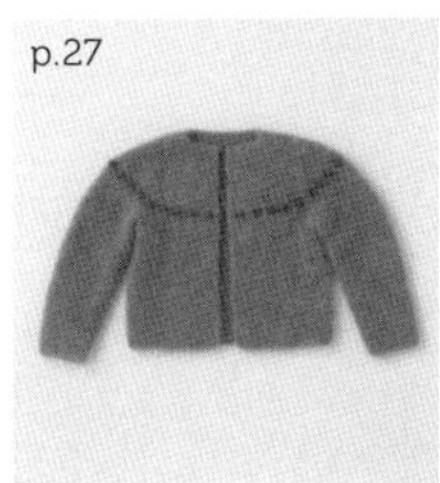

- **재료** 에이브릴 모헤어 탑 그레이지(03) 220g, 캐시미어(4311) 보라 10g
- **도구** 대바늘 6호(지름 4mm, 4자루 1세트)
- **사이즈** 가슴둘레 64cm, 길이 38.5m
- **게이지** 안뜨기로 뜨는 가터뜨기 19코·34단 (10×10cm)
- **뜨개질 포인트** 몸판과 요크의 양 끝은 걸러뜨기로 떠줍니다. 요크의 11번째 단은 지정된 위치에서 보라로 바꿔서 6단 뜨고, 다음 단은 그레이지로 다시 되돌려서 3코 모아뜨기를 하면서 뜹니다.

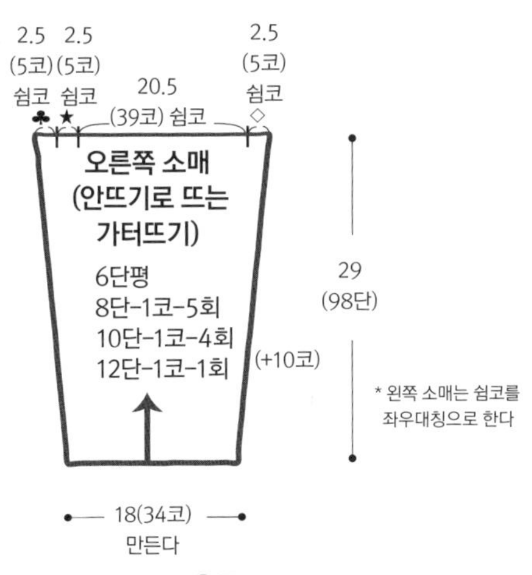

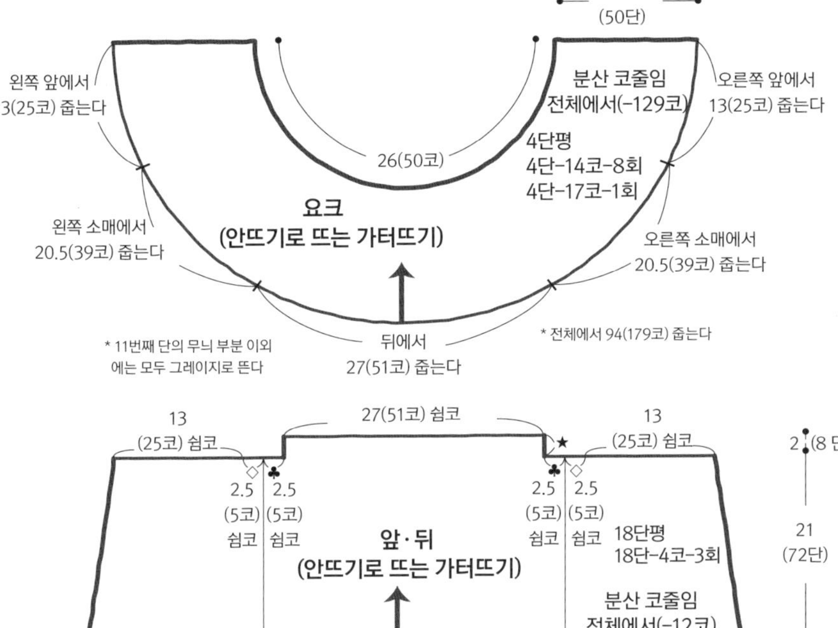

요크

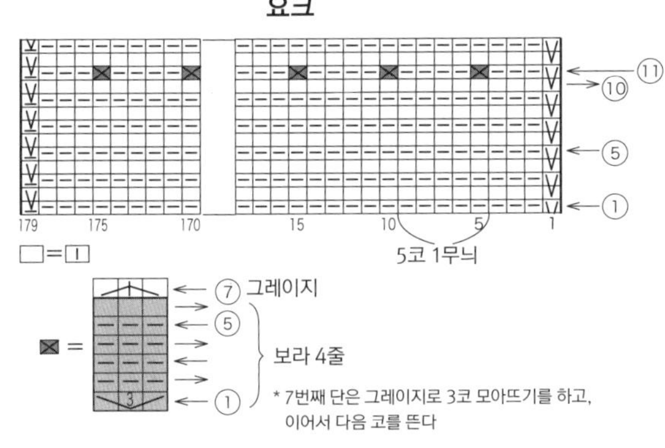

요크의 분산 코줄임

단-코-횟수	단	2코 모아뜨기할 코	횟수	남은 코	전체 코
4-14-1	47번째 단	3번째 코와 4번째 코	14번	8코	50코
4-14-1	43번째 단	4번째 코와 5번째 코	14번	8코	64코
4-14-1	39번째 단	5번째 코와 6번째 코	14번	8코	78코
4-14-1	35번째 단	6번째 코와 7번째 코	14번	8코	92코
4-14-1	31번째 단	7번째 코와 8번째 코	14번	8코	106코
4-14-1	27번째 단	8번째 코와 9번째 코	14번	8코	120코
4-14-1	23번째 단	9번째 코와 10번째 코	14번	8코	134코
4-14-1	19번째 단	10번째 코와 11번째 코	14번	8코	148코
14-17-1	15번째 단	9번째 코와 10번째 코	17번	9코	162코

앞·뒤의 분산 코줄임

단-코-횟수	단	2코 모아뜨기할 코	횟수	남은 코	전체 코
18-4-1	55번째 단	24번째 코와 25번째 코	4번	25코	121코
18-4-1	37번째 단	25번째 코와 26번째 코	4번	25코	125코
18-4-1	19번째 단	26번째 코와 27번째 코	4번	25코	129코

중심 3코 모아뜨기

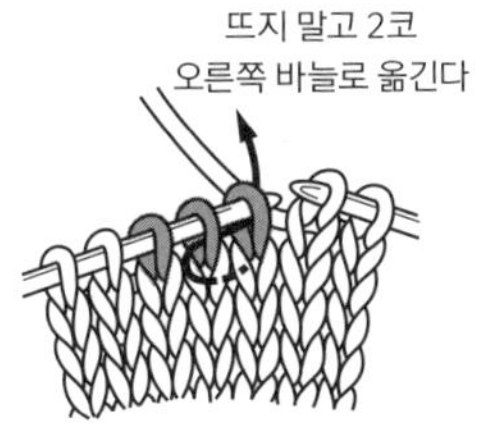
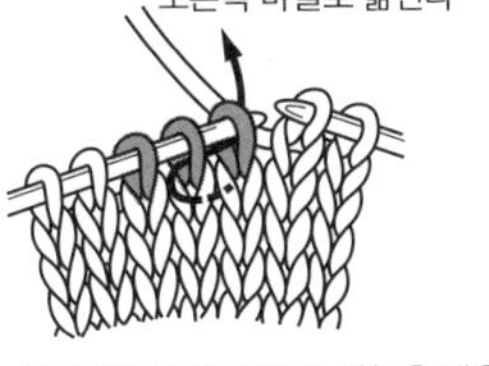
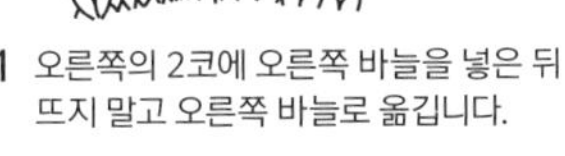
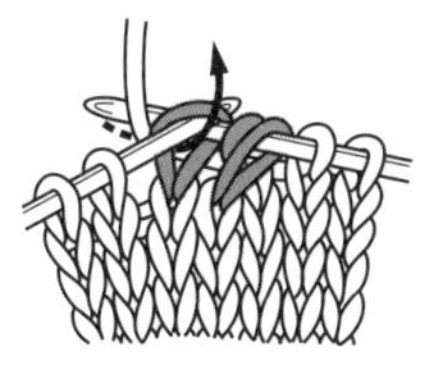

1 오른쪽의 2코에 오른쪽 바늘을 넣은 뒤 뜨지 말고 오른쪽 바늘로 옮깁니다.

2 3번째 코에 오른쪽 바늘을 넣은 후, 실을 걸어서 잡아당겨 겉뜨기로 뜹니다.

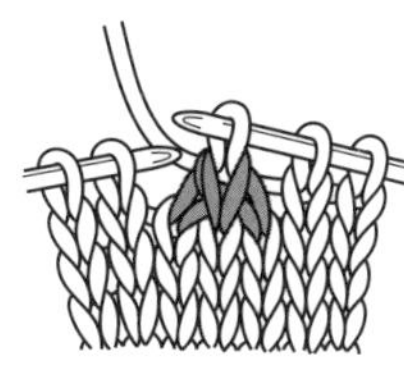

3 오른쪽 바늘에 옮겨두었던 2코에 왼쪽 바늘을 넣어 덮어씌웁니다.

4 중심 3코 모아뜨기 완성.

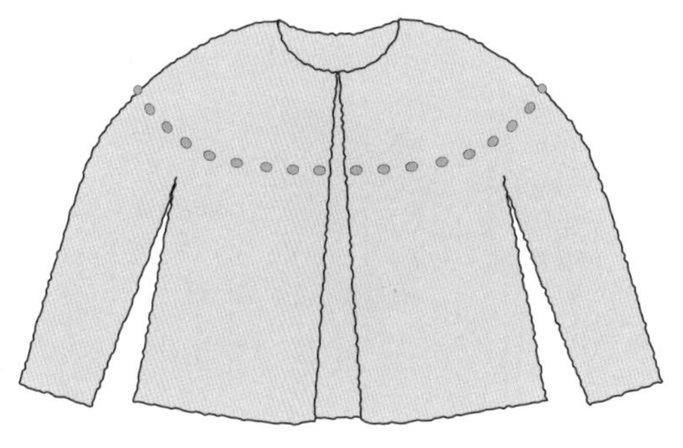

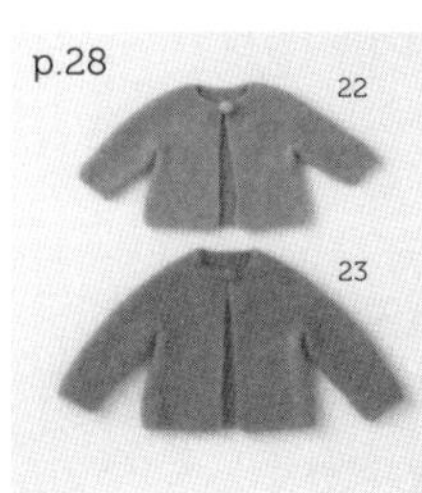

p.28

〈size_50cm (22)〉
- ■ **재료** 에이브릴 울 릴리얀 메론(304) 60g, 지름 2cm 펠트볼 황색 1개
- ■ **도구** 대바늘 8호(지름 4.5mm, 4자루 1세트) 코바늘 7호(지름 4mm)
- ■ **사이즈** 가슴둘레 41cm, 길이 23.5m
- ■ **게이지** 안뜨기로 뜨는 가터뜨기 20코·35단 (10×10cm)

〈size_60cm (23)〉
- ■ **재료** 에이브릴 모헤어 탐 민트그린(31) 110g, 지름 2cm 펠트볼 페일블루 1개
- ■ **도구** 대바늘 6호(지름 4mm, 4자루 1세트) 코바늘 5호(지름 3mm)
- ■ **사이즈** 가슴둘레 46cm, 길이 28m
- ■ **게이지** 안뜨기로 뜨는 가터뜨기 19코·34단 (10×10cm)
- ■ **뜨개질 포인트** 단춧고리를 코바늘로 뜬 후, 뜨기 시작과 끝 부분에 남아 있는 실로 몸판에 달아줍니다.

23

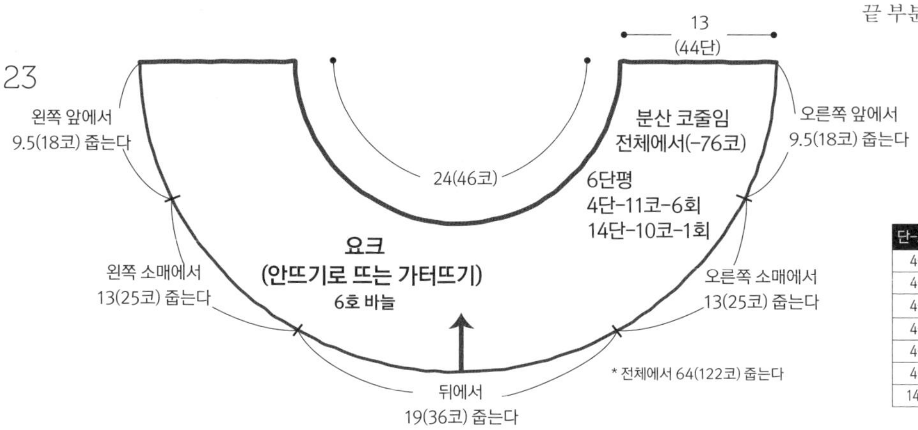

요크의 분산 코줄임

단-코-횟수	단	2코 모아뜨기할 코	횟수	남은 코	전체 코
4-11-1	39번째 단	4번째 코와 5번째 코	11번	2코	46코
4-11-1	35번째 단	5번째 코와 6번째 코	11번	2코	57코
4-11-1	31번째 단	6번째 코와 7번째 코	11번	2코	68코
4-11-1	27번째 단	7번째 코와 8번째 코	11번	2코	79코
4-11-1	23번째 단	8번째 코와 9번째 코	11번	2코	90코
4-11-1	19번째 단	9번째 코와 10번째 코	11번	2코	101코
14-10-1	15번째 단	10번째 코와 11번째 코	10번	12코	112코

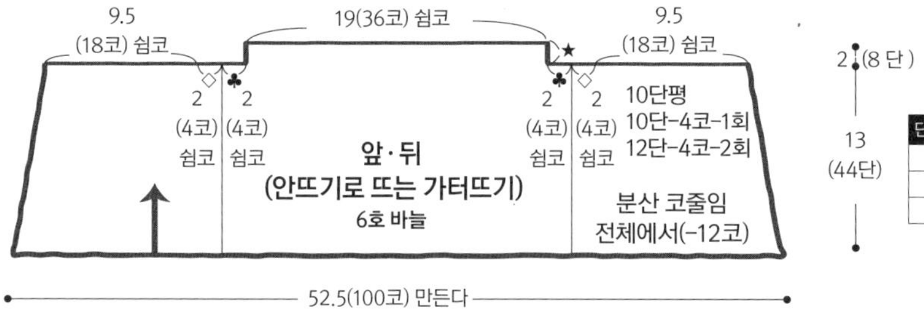

앞·뒤의 분산 코줄임

단-코-횟수	단	2코 모아뜨기할 코	횟수	남은 코	전체 코
10-4-1	35번째 단	17번째 코와 18번째 코	4번	20코	88코
12-4-1	25번째 단	18번째 코와 19번째 코	4번	20코	92코
12-4-1	13번째 단	19번째 코와 20번째 코	4번	20코	96코

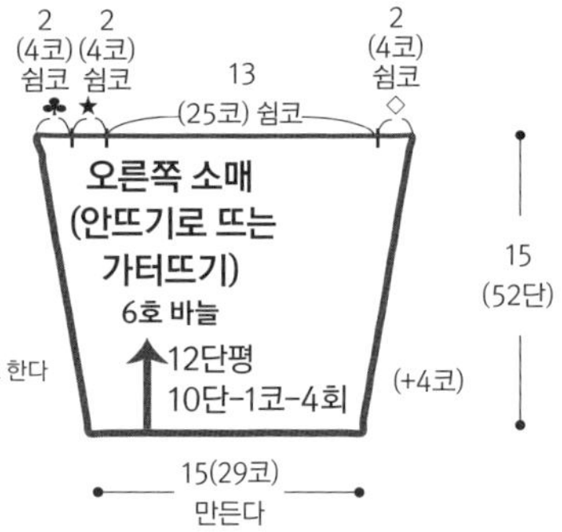

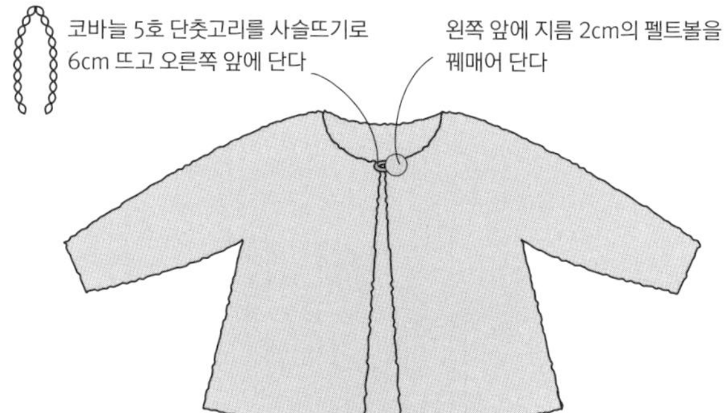

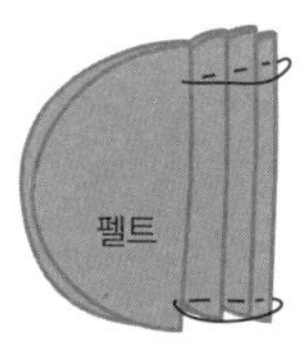

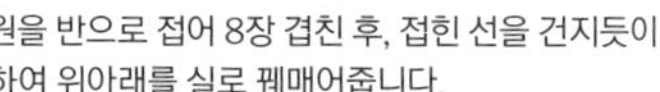

D

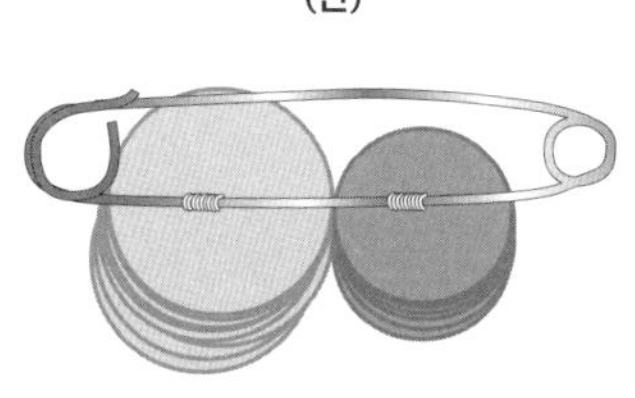

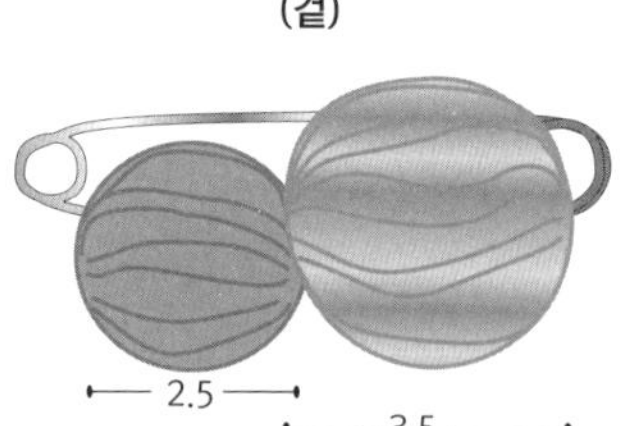

원을 반으로 접어 8장 겹친 후, 접힌 선을 건지듯이 하여 위아래를 실로 꿰매어줍니다.

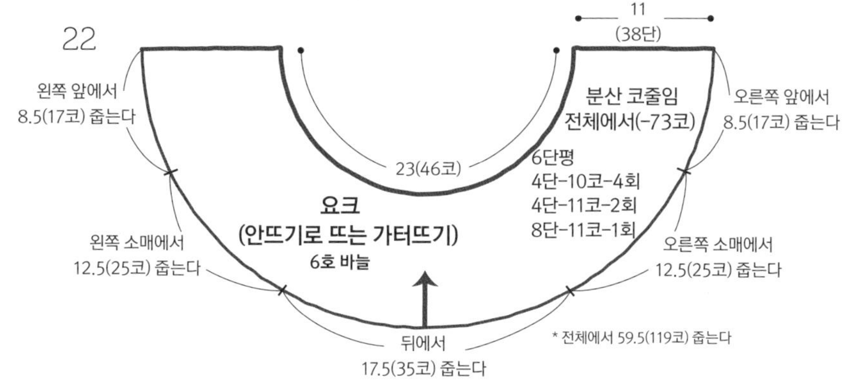

요크의 분산 코줄임

단-코-횟수	단	2코 모아뜨기할 코	횟수	남은 코	전체 코
4-10-1	33번째 단	4번째 코와 5번째 코	10번	6코	46코
4-10-1	29번째 단	5번째 코와 6번째 코	10번	6코	56코
4-10-1	25번째 단	6번째 코와 7번째 코	10번	6코	66코
4-10-1	21번째 단	7번째 코와 8번째 코	10번	6코	76코
4-11-1	17번째 단	7번째 코와 8번째 코	11번	9코	86코
4-11-1	13번째 단	8번째 코와 9번째 코	11번	9코	97코
8-11-1	9번째 단	9번째 코와 10번째 코	11번	9코	108코

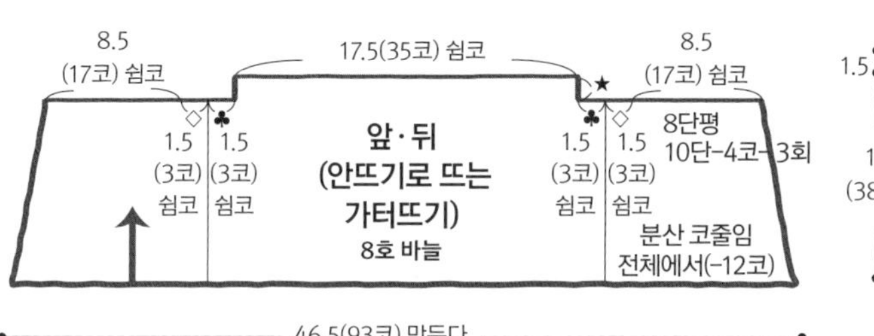

앞·뒤의 분산 코줄임

단-코-횟수	단	2코 모아뜨기할 코	횟수	남은 코	전체 코
10-4-1	31번째 단	16번째 코와 17번째 코	4번	17코	81코
10-4-1	21번째 단	17번째 코와 18번째 코	4번	17코	85코
10-4-1	11번째 단	18번째 코와 19번째 코	4번	17코	89코

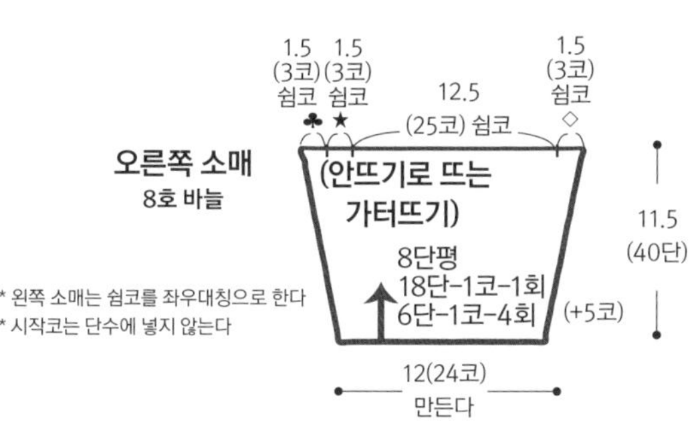

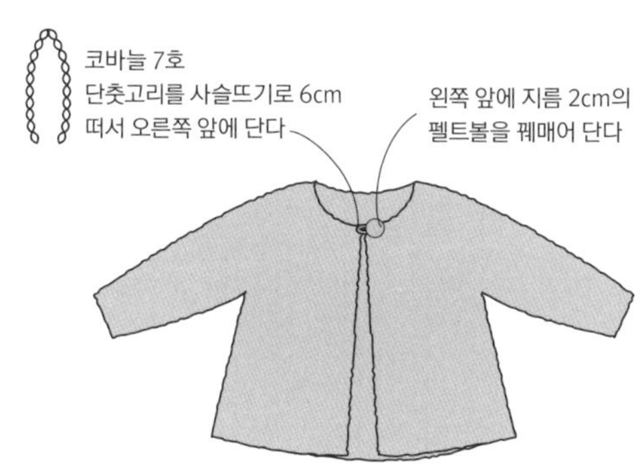

accessory

p.12

C

p.16

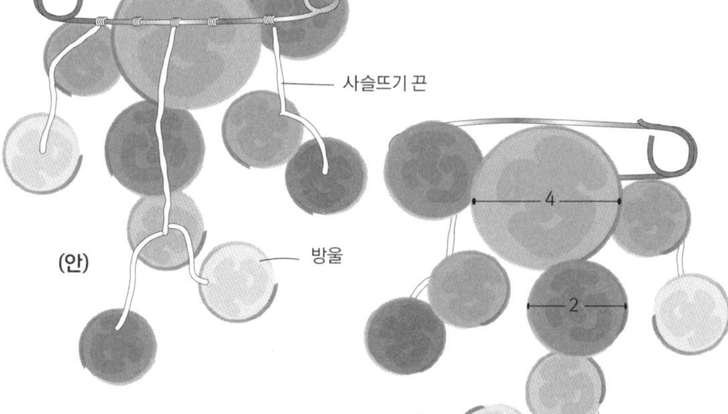

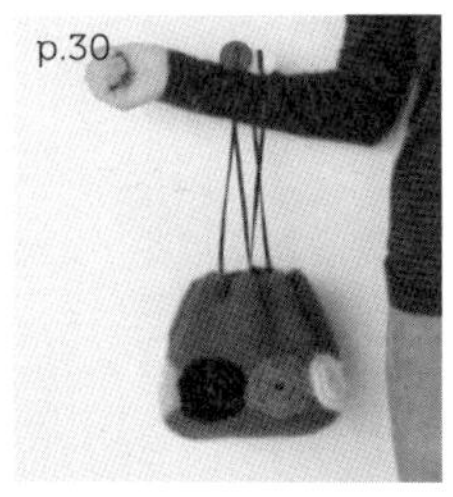

■ **재료**　에이브릴 가우디 벽돌(42) 115g, 러그 화이트(00), 베이지(01), 리프(02), 블랙(10) 25g. 폭 9mm의 가죽 테이프 검정 8cm×8줄, 폭 5mm 가죽 테이프 검정 66cm×2줄, 안주머니용 천 71×19, 접착심지 50×5cm, 플라스틱판 17×17cm

■ **도구**　대바늘 12호(지름 5.5mm, 4자루 1세트) 대바늘 점보 7mm

■ **사이즈**　바닥 지름 19cm, 깊이 17cm

■ **게이지**　가터뜨기 14.5코·25단 (10×10cm)

■ **뜨개질 포인트**　모티브는 손가락에 거는 시작코로 뜨기 시작하고, 양 끝을 가터뜨기 꿰매기로 연결하여 골선을 만든 후, 마지막 코에 실을 넣어서 조입니다. 지정된 색을 순서대로 연결하고, 위아래 각각 코줍기를 하여 바닥과 옆면을 뜹니다. 끈 통과용 가죽 끈은 송곳으로 구멍을 뚫고 반으로 접어서 튼튼한 실로 꿰매어 달아줍니다.

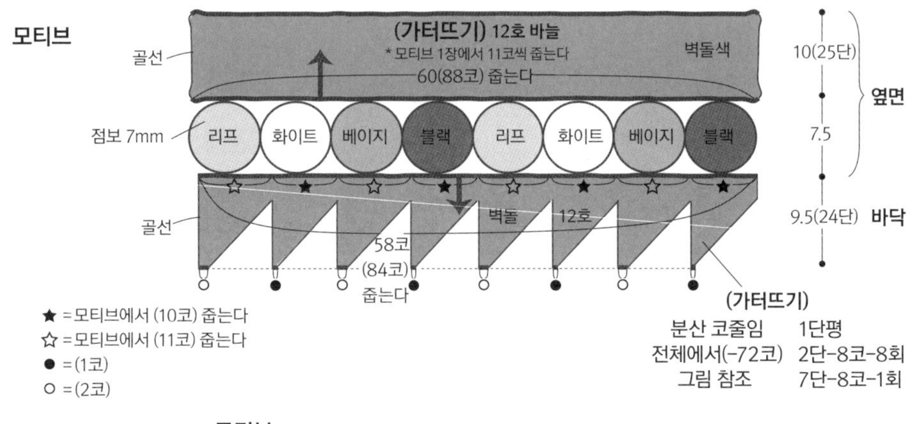

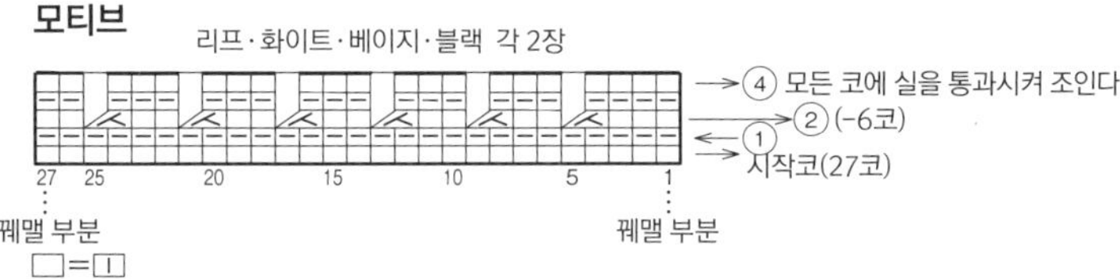

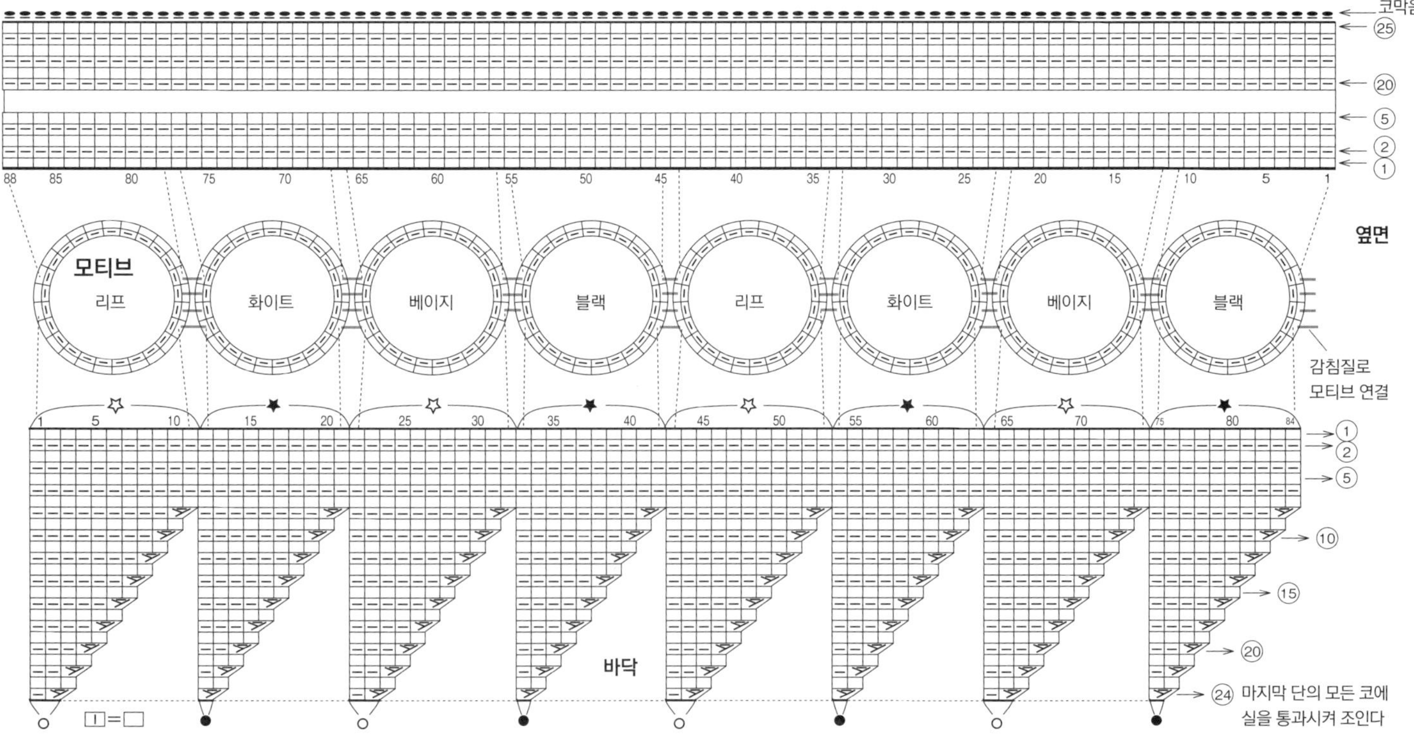

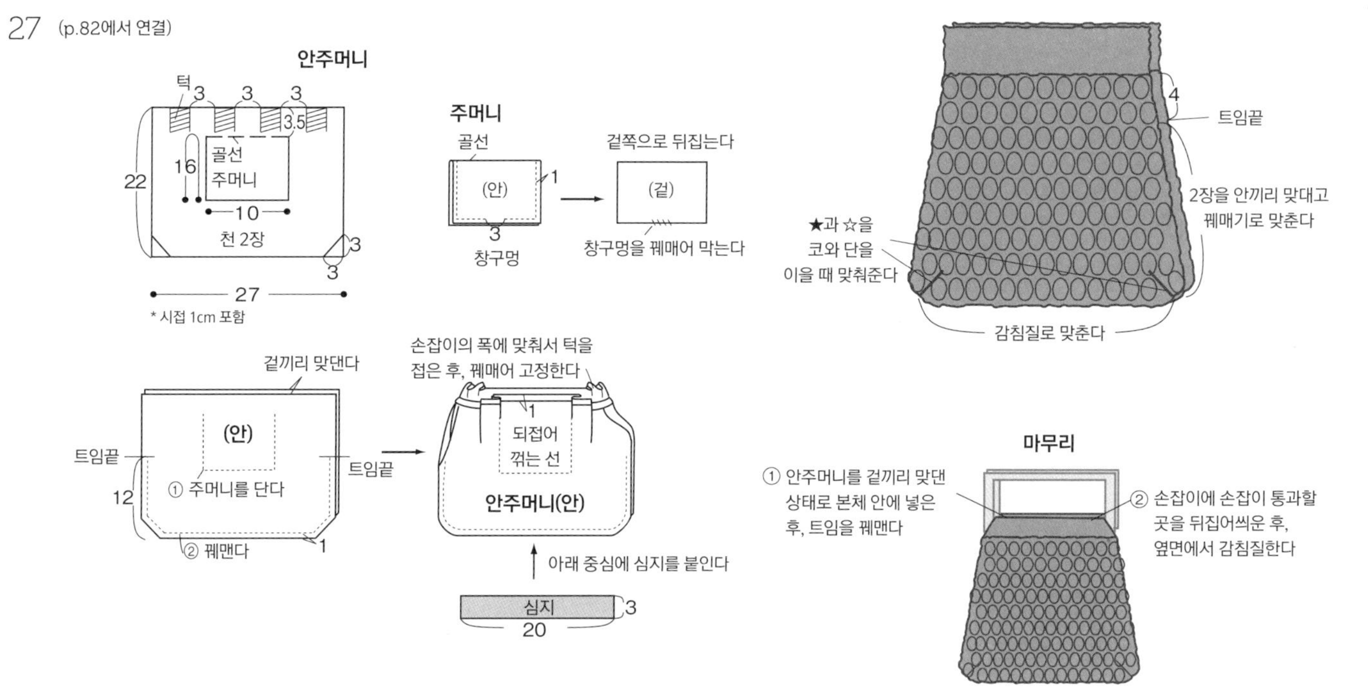

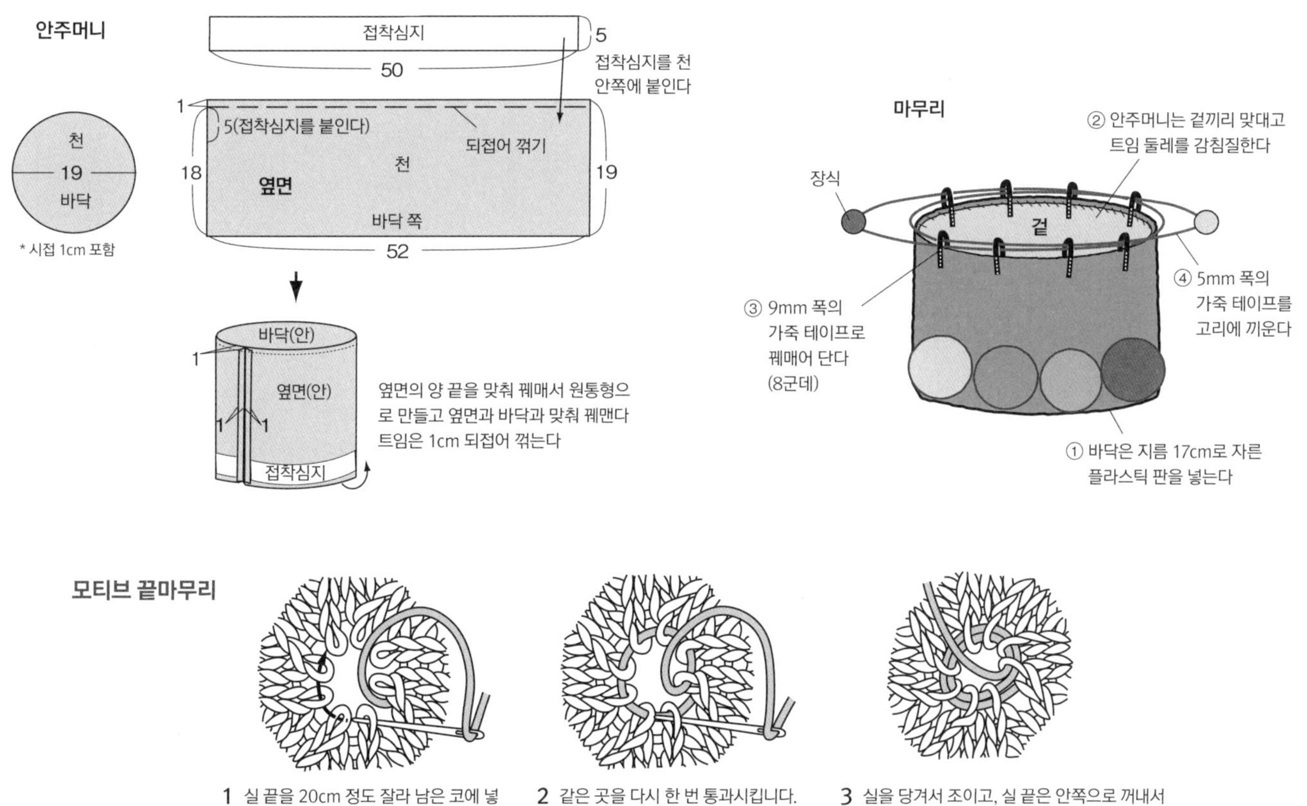

모티브 끝마무리

1 실 끝을 20cm 정도 잘라 남은 코에 넣습니다.

2 같은 곳을 다시 한 번 통과시킵니다.

3 실을 당겨서 조이고, 실 끝은 안쪽으로 꺼내서 뜨개코 밑으로 빠져나가게 합니다.

■ **재료** 에이브릴 가우디 그린(16) 150g, MOTIF 폭 15cm×
높이 11cm의 사각형 손잡이 베이지 1세트, 안주머니용 천
64×22cm, 접착심지 20×3cm

■ **도구** 대바늘 13호(지름 6mm, 4자루 1세트)

■ **사이즈** 폭 25cm, 깊이 22.5cm

■ **게이지** (10×10cm) 무늬뜨기 13코·18단

■ **뜨개질 포인트** 트임 입구 쪽에서 뜨기 시작하여 5코 3단
의 구슬을 떠가며 중간에서 코줄임합니다.

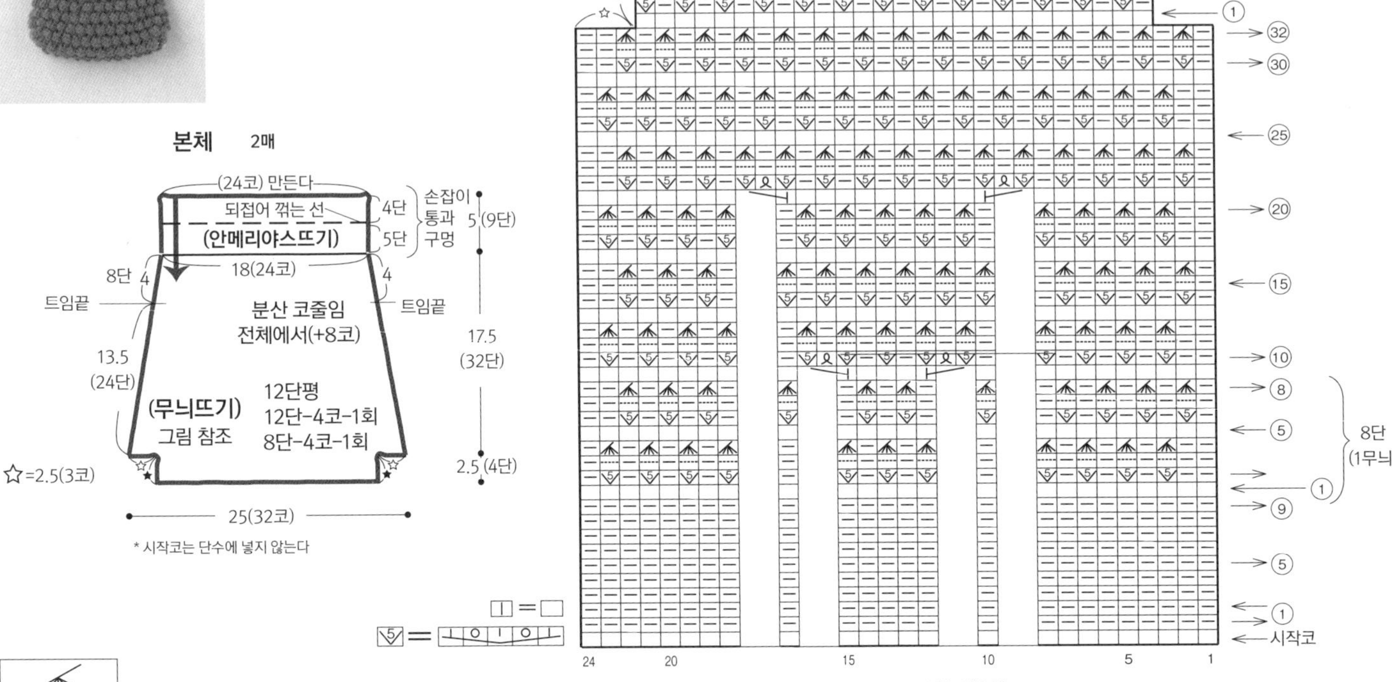

본체 2매

* 시작코는 단수에 넣지 않는다

☆=2.5(3코)

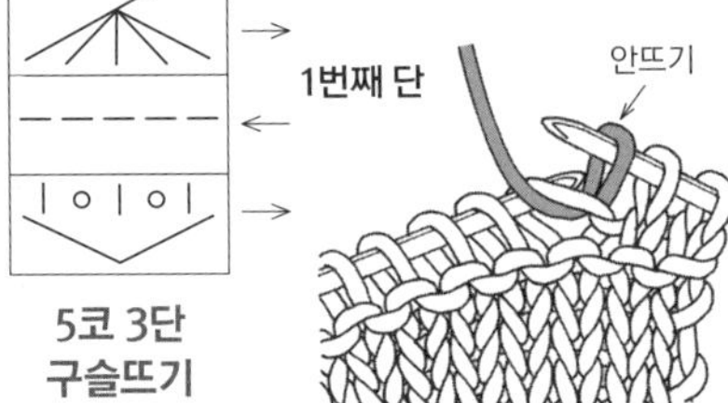

5코 3단
구슬뜨기

(마무리는 p.81 참고)

1번째 단

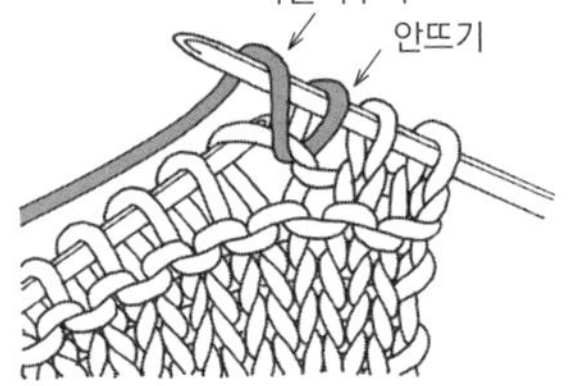

1 1코부터 5코를 뜹니다. 먼저 안뜨기를
합니다.

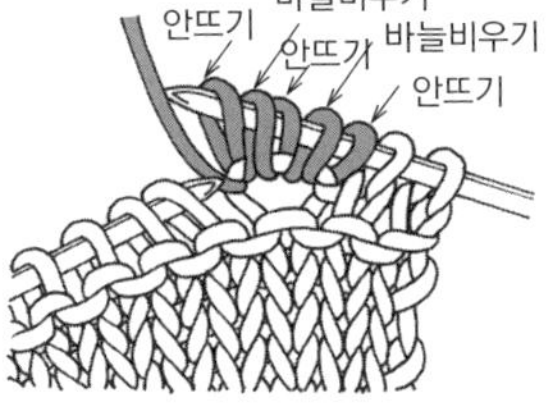

2 다음에 바늘비우기를 합니다.

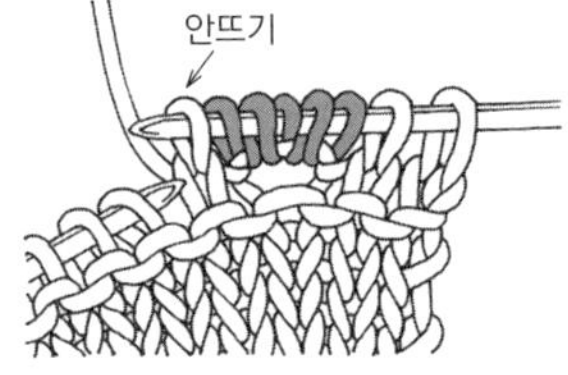

3 같은 코에 안뜨기와 바늘비우기
를 반복하여 5코를 뜬 모습.

4 다음 코는 겉뜨기를 합니다. 이것
을 반복해서 1단을 뜹니다.

2번째 단

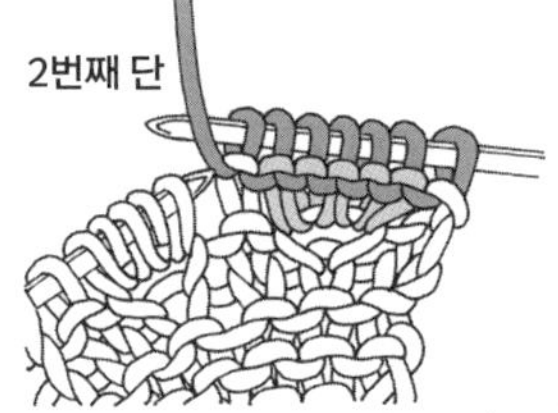

5 이 단은 모두 안뜨기를 합니다.

3번째 단

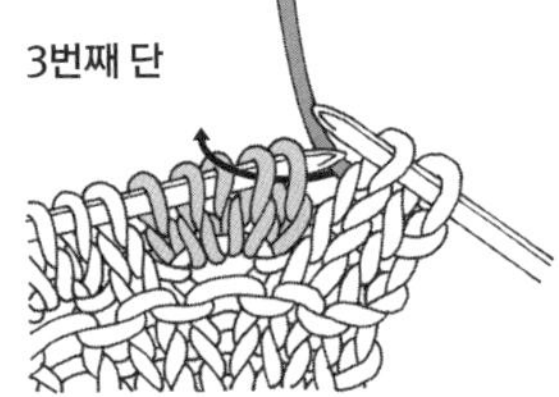

6 화살표와 같이 2코에 바늘을 넣습니다.

7 2코를 뜨지 말고 오른쪽 바늘로
옮깁니다.

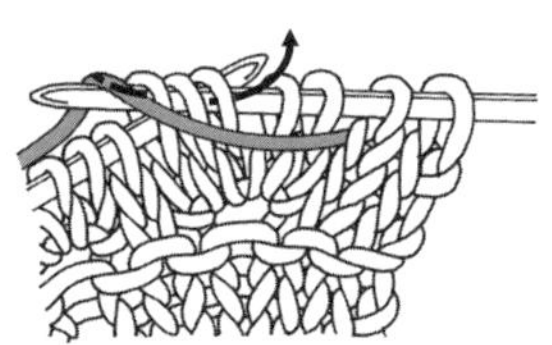

8 3코에 오른쪽에서 바늘을 넣어서
실을 걸어줍니다.

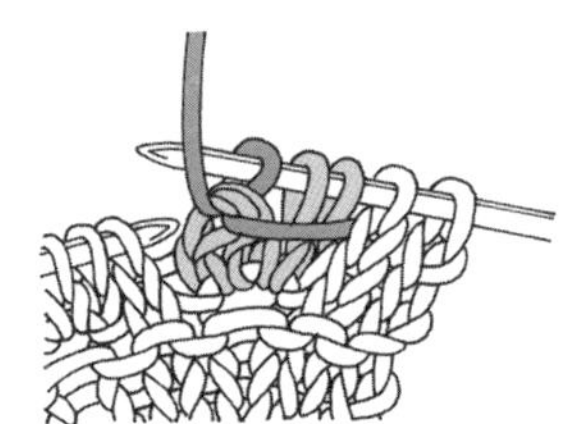

9 실을 잡아당기고, 3코를 한꺼번에
안뜨기합니다.

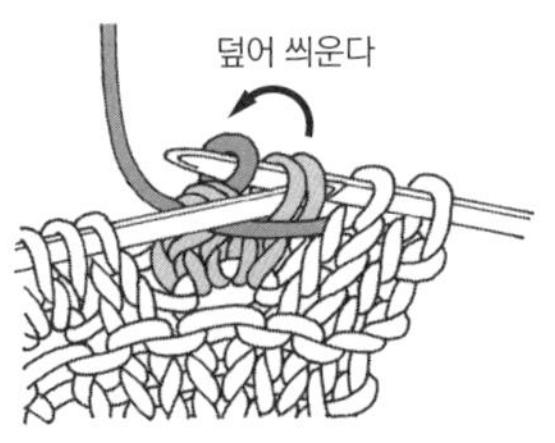

10 뜨지 않고 옮겨둔 2코에 바늘을 넣고,
왼쪽 코에 덮어씌웁니다.

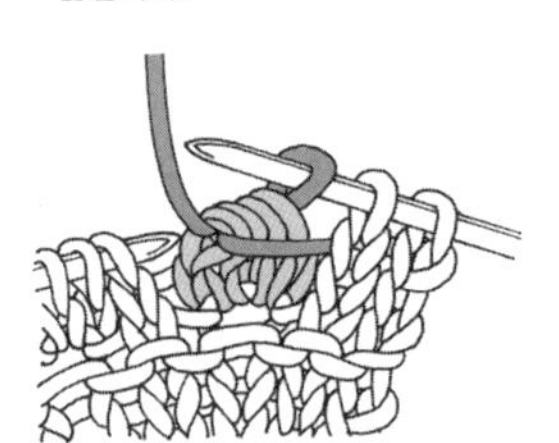

11 안뜨기 5코 모아뜨기가 완성되
었습니다.

4번째 단

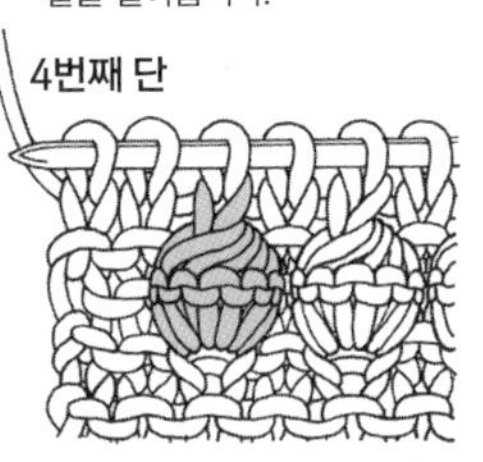

12 다음 단은 모두 겉뜨기를 합니다.

- **재료** 에이브릴 우란 아이스그레이(02) 165g, MOTIF 폭 23cm×높이 13cm의 반원형 손잡이 실버 1세트, 안주머니용 천 98×21cm, 접착심지 58×5cm
- **도구** 대바늘 10호(지름 5mm, 4자루 1세트)
- **사이즈** 바닥 지름 16cm, 깊이 21.5cm

- **게이지** (10×10cm) 메리야스뜨기 12코·18단
- **뜨개질 포인트** 2줄로 뜹니다. 먼저 메리야스뜨기 13단 뜬 것을 2장 뜬 후, 각각 쉼코를 해둡니다. 각각 코줍기를 하여 원통형을 만들어 2장을 연결합니다. 도중에 분산 코줄임을 하여 바닥을 뜨고, 마지막은 남은 코에 실을 넣어서 조여줍니다.

분산 코줄임

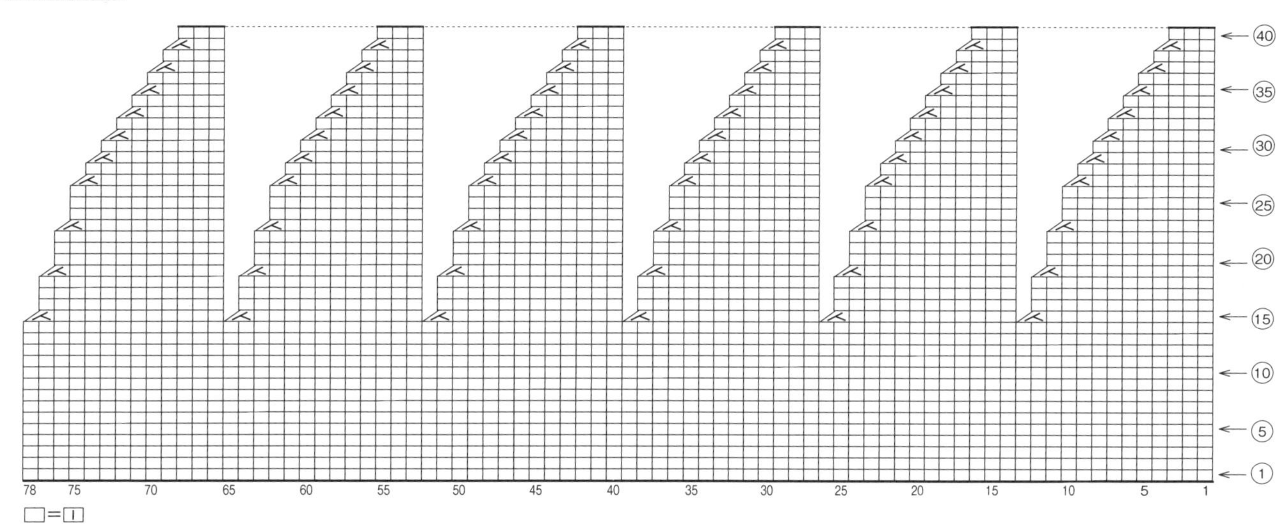

□ = □

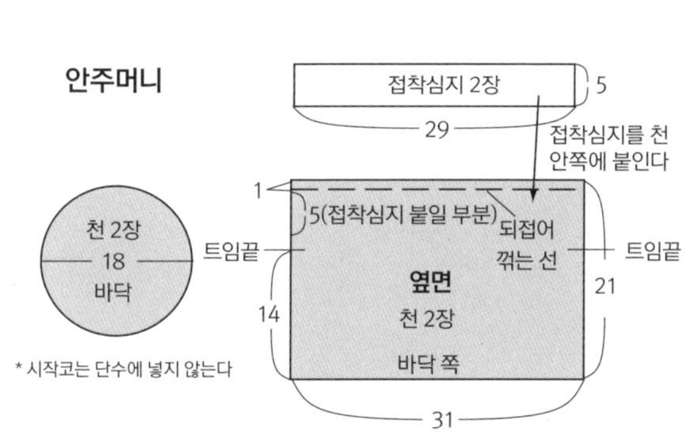

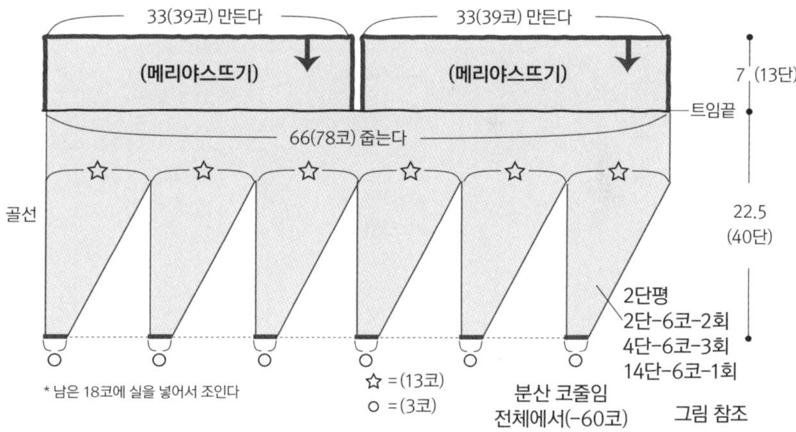

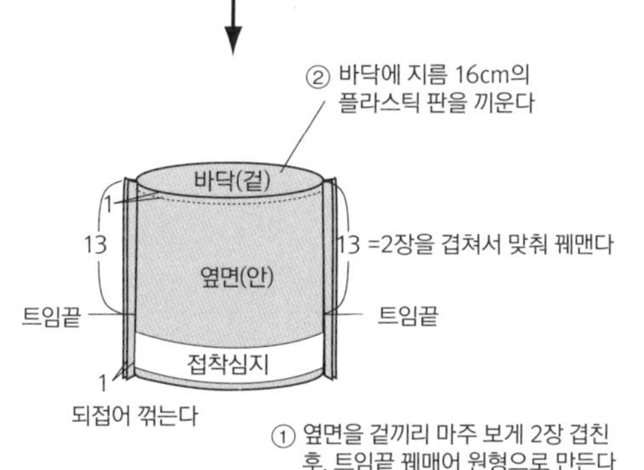

마무리

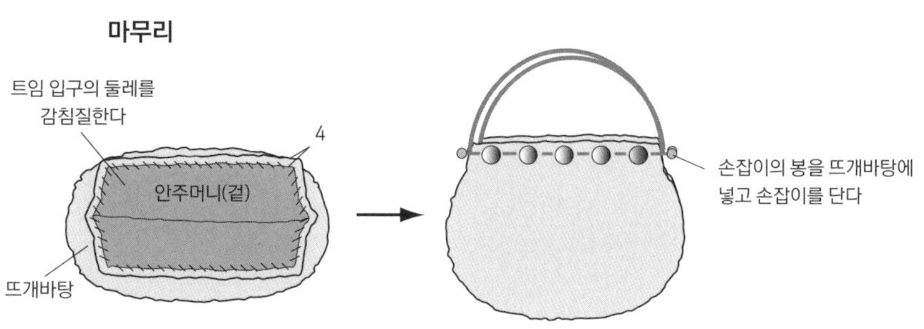

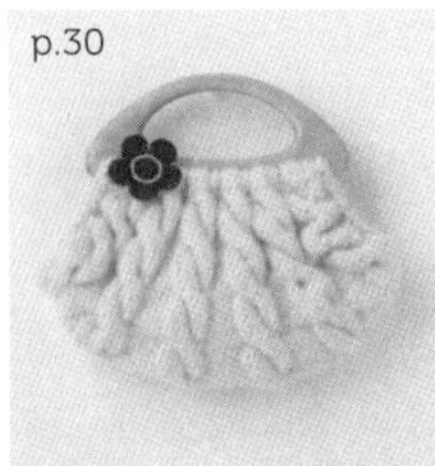

- **재료** 에이브릴 러그 화이트(00) 480g, MOTIF 폭 27cm ×높이 13cm의 나무 손잡이 베이지 1세트, 안주머니용 천 45×55cm
- **도구** 대바늘 점보 7mm
- **사이즈** 폭 54cm, 깊이 26cm

- **게이지** (10×10cm) 무늬뜨기 13코·16단
- **뜨개질 포인트** 손가락에 거는 시작코로 바닥부터 분산 코줄임을 하여 뜨고, 반대쪽은 코줍기를 하여 뜹니다. 양옆은 지정된 위치에서 코줍기를 하여 가터뜨기를 떠서 가방을 완성합니다.

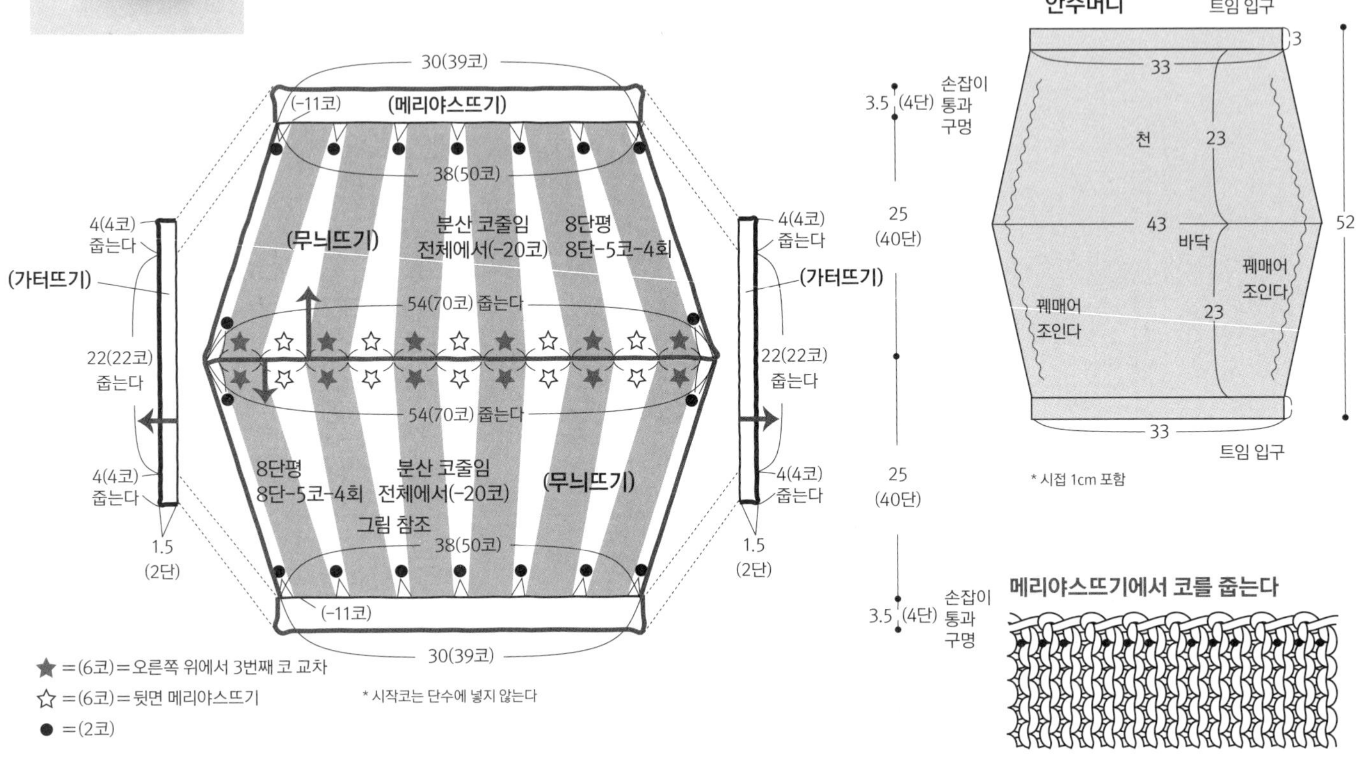

★ =(6코)= 오른쪽 위에서 3번째 코 교차
☆ =(6코)= 뒷면 메리야스뜨기
● =(2코)

* 시작코는 단수에 넣지 않는다

메리야스뜨기에서 코를 줍는다

1코 안쪽에 바늘을 넣어서 실을 잡아당깁니다.

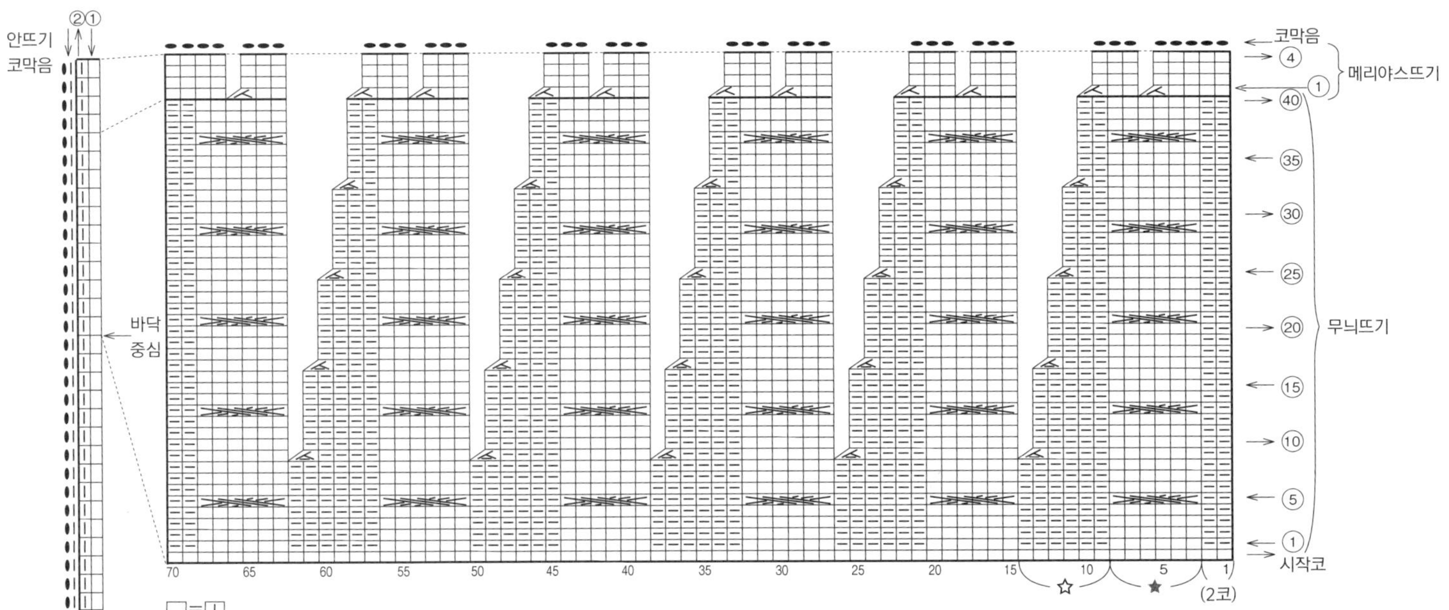

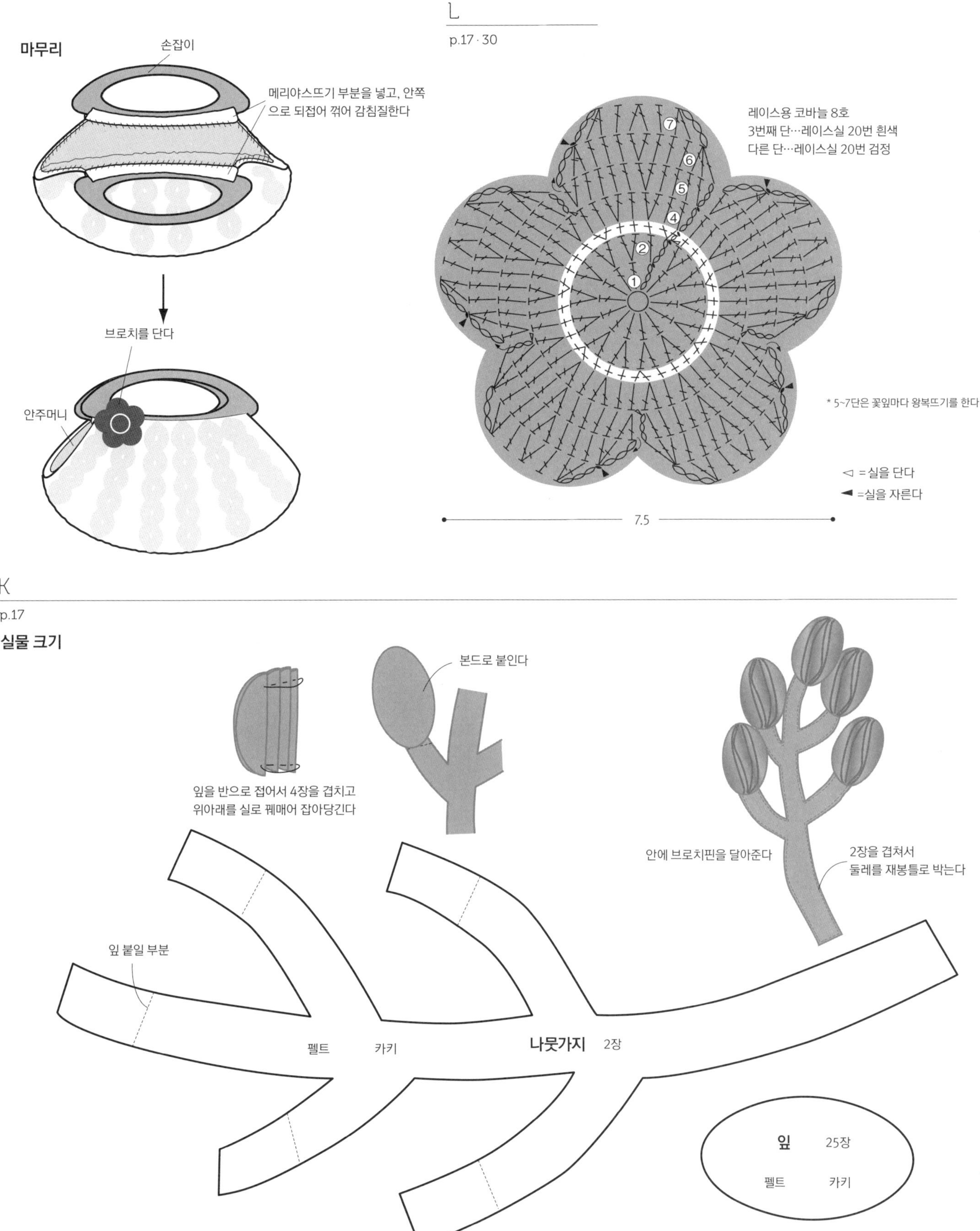
마무리
손잡이
메리야스뜨기 부분을 넣고, 안쪽
으로 되접어 꺾어 감침질한다
브로치를 단다
안주머니

L
p.17 · 30

레이스용 코바늘 8호
3번째 단…레이스실 20번 흰색
다른 단…레이스실 20번 검정

⑦
⑥
⑤
④
②
①

* 5~7단은 꽃잎마다 왕복뜨기를 한다

◁ =실을 단다
◀ =실을 자른다

7.5

K
p.17

실물 크기

본드로 붙인다

잎을 반으로 접어서 4장을 겹치고
위아래를 실로 꿰매어 잡아당긴다

안에 브로치핀을 달아준다

2장을 겹쳐서
둘레를 재봉틀로 박는다

잎 붙일 부분

펠트   카키

나뭇가지   2장

잎   25장

펠트   카키

실물 크기

꽃받침

펠트   흰색

꽃(대)

꽃(중)

꽃(소)

(앞)

크림색 펠트 구슬

꽃(소)

토대, 대, 중, 소를 엇갈리듯 겹친
후, 본드로 붙여준다

(뒤)

지름 2cm의 가죽을 접착제로
붙인 후, 브로치 핀을 달아준다

11

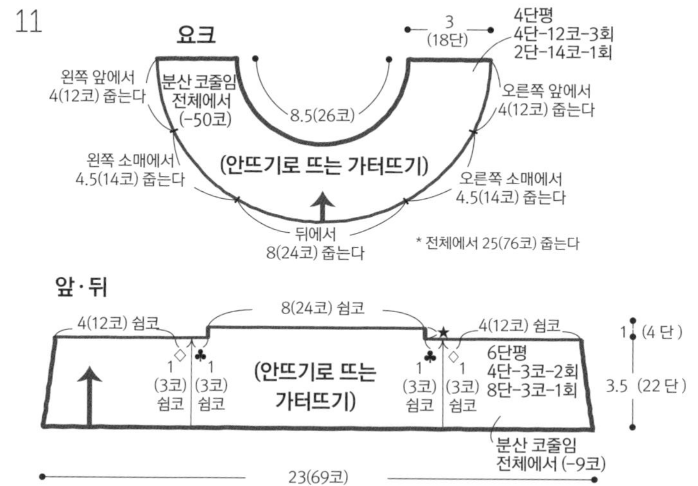

요크의 분산 코줄임

단-코-횟수	단	2코 모아뜨기할 코	횟수	남은 코	전체 코
4-12-1	15번째 단	2번째 코와 3번째 코	12번	2코	26코
4-12-1	11번째 단	3번째 코와 4번째 코	12번	2코	38코
4-12-1	7번째 단	4번째 코와 5번째 코	12번	2코	50코
2-14-1	3번째 단	4번째 코와 5번째 코	14번	6코	62코

앞·뒤의 분산 코줄임

단-코-횟수	단	2코 모아뜨기할 코	횟수	남은 코	전체 코
4-3-1	17번째 단	14번째 코와 15번째 코	3번	18코	60코
4-3-1	13번째 단	15번째 코와 16번째 코	3번	18코	63코
8-3-1	9번째 단	16번째 코와 17번째 코	3번	18코	66코

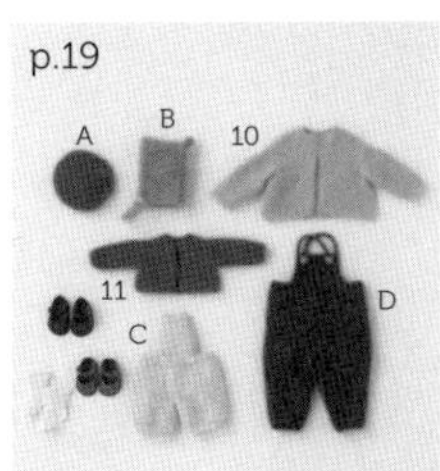

p.19

〈10〉

- **재료** 에이브릴 면코드 1/2.8 크림(53) 35g
- **도구** 대바늘 2호(지름 3mm, 4자루 1세트)
- **사이즈** 가슴둘레 26cm, 길이 12.5cm
- **게이지** 안뜨기로 뜨는 가터뜨기로 28코·48단 (10×10cm)

〈11〉

- **재료** 에이브릴 캐시미어 빨강(3312) 12g
- **도구** 대바늘 2호(지름 3mm, 4자루 1세트)
- **사이즈** 가슴둘레 20cm, 길이 7.5cm
- **게이지** 안뜨기로 뜨는 가터뜨기로 30코·60단 (10×10cm)

10

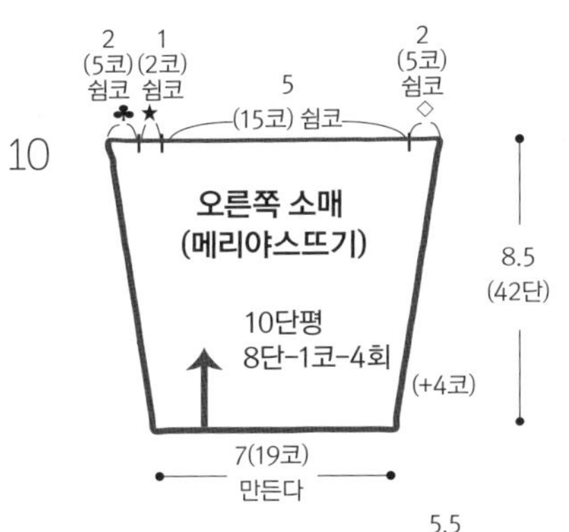

* 왼쪽 소매는 쉼코를 좌우대칭으로 한다
* 시작코는 단수에 넣지 않는다

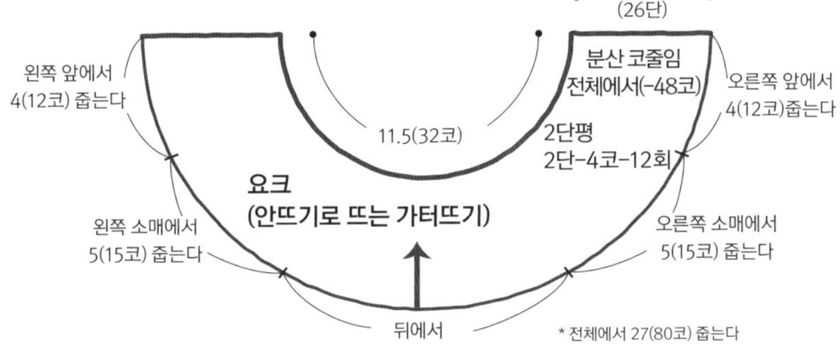

요크의 분산 코줄임

단-코-횟수	단	2코 모아뜨기할 코	횟수	남은 코	전체 코
2-4-1	25번째 단	7번째 코와 8번째 코	4번	4코	32코
2-4-1	23번째 단	8번째 코와 9번째 코	4번	4코	36코
2-4-1	21번째 단	9번째 코와 10번째 코	4번	4코	40코
2-4-1	19번째 단	9번째 코와 10번째 코	4번	8코	44코
2-4-1	17번째 단	10번째 코와 11번째 코	4번	8코	48코
2-4-1	15번째 단	11번째 코와 12번째 코	4번	8코	52코
2-4-1	13번째 단	11번째 코와 12번째 코	4번	12코	56코
2-4-1	11번째 단	12번째 코와 13번째 코	4번	12코	60코
2-4-1	9번째 단	13번째 코와 14번째 코	4번	12코	64코
2-4-1	7번째 단	13번째 코와 14번째 코	4번	16코	68코
2-4-1	5번째 단	14번째 코와 15 번째 코	4번	16코	72코
2-4-1	3번째 단	15 번째 코와 16번째 코	4번	16코	76코

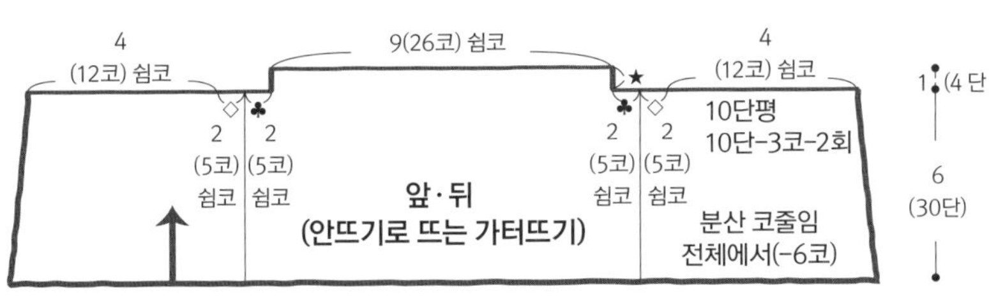

앞·뒤의 분산 코줄임

단-코-횟수	단	2코 모아뜨기할 코	횟수	남은 코	전체 코
10-3-1	21번째 단	17번째 코와 18번째 코	3번	19코	70코
10-3-1	11번째 단	18번째 코와 19번째 코	3번	19코	73코

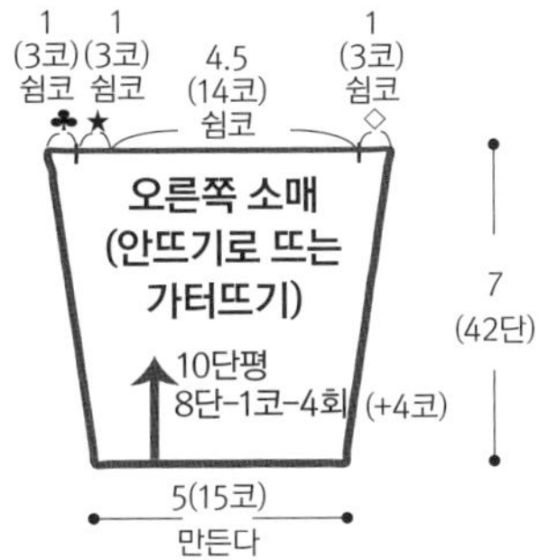

*A~D의 뜨개 도안을 드립니다(유료)
필요하신 분은 MOTIF로 문의해주세요.
http://www.mo-motif.com

시모다 나오코
Shimoda Naoko

도쿄에서 태어나 문화복장학원 핸드크래프트과를 졸업했다. '애꾸눈 괴물'과 'FICCE UOMO' 핸드메이드 브랜드의 니트 디자이너로 근무하다 뉴욕으로 떠났다. 귀국 후, 수예작가로 활약하며 1998년 수예 스쿨&오피스인 'MOTIF'를 설립했다.
지은 책으로는 《코바늘 뜨기는 재미있어》, 《대바늘 뜨기도 재미있어》, 《펠트 DE 소품》, 《시모다 나오코의 비즈뜨기》 등 다수의 작품이 있다.

모티프 MOTIF_ http://www.mo-motif.com

옮긴이 _ 김수정

서울여대에서 일어일문학을, 일본도신일본어학교에서 일본어를 공부했다. 에릭양에이전시에서 저작권 업무를 담당했으며 《딸기와 해님》, 《우리만의 로리》 등 다수의 일본 동화책과 《두근두근 바느질 레슨: 꼭 만들고 싶은 리버티프린트 이지룩 & 소품 54》, 《두근두근 손바느질 레슨: 일상에서 즐기는 보자기 패치워크》, 《두근두근 자수 레슨: 처음 시작하는 원포인트 자수 스티치 750》, 《두근두근 코바늘 레슨: 초보 니터를 위한 손뜨개 모티브 50》, 《마음까지 따뜻해지는 북유럽 스타일 손뜨개 가방》, 《마음까지 따뜻해지는 북유럽 스타일 손뜨개 모자》, 《처음 만드는 가죽 팔찌》, 《베이킹 소다 활용법 A to Z》, 《머리가 좋아지는 종이 오리기》 등을 번역했다.

감수자 _ 송영예

우리나라 최초로 손뜨개 인터넷 사이트 'www.banul.co.kr'을 개설해 전국에 손뜨개 열풍을 일으켰다. (사)한국손뜨개협회 회장과 한국프랜차이즈협회 이사를 지내고 있으며, 2013년 모범 여성 기업인으로 선정되어 서울특별시장상을 수상하기도 했다. 저서로는 《손뜨개 인테리어 소품》, 《내 아이가 좋아하는 옷》, 《송영예의 패션 스타일 손뜨개》, 《송영예의 스타일 손뜨개》, 《첫눈에 반한 카디건 손뜨개》 등이 있다.

송영예의 바늘이야기_ www.banul.co.kr

SHIMODA NAOKO NO KANTAN KNIT (NV70017)

Copyright ⓒ Naoko Shimoda / NIHON VOGUE-SHA 2009
All right reserved.
First published in Japan in 2009 by Nihon Vogue Co., Ltd.
Photographer: Shigeki Nakashima

This Korean edition is published by arrangement with Nihon Vogue Co., Ltd, Tokyo in care of Tuttle-Mori Agency, Inc., Tokyo through Botong Agency, Seoul.

두근두근 대바늘 레슨
초보 니터를 위한 스탠다드 여성 니트

1판 1쇄 발행 2014년 12월 31일

지은이 시모다 나오코　**옮긴이** 김수정　**감수자** 송영예
펴낸이 하진석　**펴낸곳** 참돌　**주소** 서울시 마포구 독막로3길 51
전화 02-518-3919　**팩스** 0505-318-3919　**이메일** book@charmdol.com
신고번호 제313-2011-228호　**신고일자** 2011년 8월 11일
ISBN 978-89-98317-28-7 14630

• 이 책에 게재된 작품은 모두 AVRIL 실을 사용했습니다. AVRIL 실은 국내 유통되지 않아 대체 실을 본문 32쪽에 기재했습니다.